中华经典之道丛书

顾作义 ◎ 编著

《易经》之教育之道

暨南大学出版社
JINAN UNIVERSITY PRESS

中国·广州

图书在版编目（CIP）数据

《易经》之教育之道 / 顾作义编著. -- 广州 ： 暨南大学出版社，2025．4. -- （中华经典之道丛书）.
ISBN 978-7-5668-4028-8

Ⅰ．G40-03；B221.5

中国国家版本馆 CIP 数据核字第 2024UD0153 号

《易经》之教育之道

《YIJING》ZHI JIAOYU ZHI DAO

编著者：顾作义

···

出 版 人：阳　翼
责任编辑：周玉宏　刘雅颖
责任校对：刘舜怡　何江琳
责任印制：周一丹　郑玉婷

出版发行：暨南大学出版社（511434）
电　　话：总编室（8620）31105261
　　　　　营销部（8620）37331682　37331689
传　　真：（8620）31105289（办公室）　37331684（营销部）
网　　址：http：//www.jnupress.com
排　　版：广州良弓广告有限公司
印　　刷：深圳市新联美术印刷有限公司
开　　本：850mm×1168mm　1/32
印　　张：9.625
字　　数：158 千
版　　次：2025 年 4 月第 1 版
印　　次：2025 年 4 月第 1 次
定　　价：58.00 元

（暨大版图书如有印装质量问题，请与出版社总编室联系调换）

总　序

　　中华优秀传统文化历史悠久，博大精深，魅力无穷，是中华民族的"根"、中华民族的"魂"，是中华文化自信的源头与活水，也是中华民族的力量所在。

　　中华优秀传统文化也是人类共有的精神财富，具有普遍意义。正如习近平总书记指出："中华文化源远流长，积淀着中华民族最深层的精神追求，代表着中华民族独特的精神标识，为中华民族生生不息、发展壮大提供了丰厚滋养。"①

　　中华经典是中华优秀传统文化的"精华"，是我们中华文化自信、自尊、自觉的积淀；它是超越时空的，跨越国界的，一直能够回应当代人的生活之问，特别是

---

　　①　习近平：《习近平谈治国理政》（第一卷），北京：外文出版社 2018 年版，第 164 页。

在科技发达、社会巨变的时代，为我们提供了走出价值迷津、防止人性物化的"良方"。学习中华经典也是一个人寻求自我完善的最佳途径。

读经典是与高人对话、与历史对话、与人生对话、与生命对话，是吸收精神滋养，开启智慧，丰富人生。经典穿越时空，观照当下，照亮未来。读经典要"入乎其中，又出乎其外"，要消化、吸收、更新。学习经典要从认知入手，朗读、记忆、思考，然后去体悟和运用。读经典最有效的办法是带着问题去研读，这样才能有收获。我们如果能有一个读书计划，每两个月读一本，一年读六本，三年的时间也可以精读十八本。如果能立志、坚持，一定能实现博学、笃行。

当下，有些人对中华传统文化的理解，大多局限于"中国结""功夫""美食""手艺"等符号化、浅表性的平面维度上，缺乏对其精神内核、价值理念、道德思想和审美情趣的学习和研究，其实，这些才是中华优秀传统文化最宝贵、最核心的内容。而这些宝贵的精神思想和审美理念，都蕴含于中华经典之中。从形式范畴的角度来看，中国传统文化的结构可以划分为五个层面，即"道""器""法""术""势"，如下所示：

真理

规律

核心精神

道

器物

工具

器

法则

规范

制度

法

中国传统文化结构

技艺

方法

术

时机、时序

态势、趋势

势

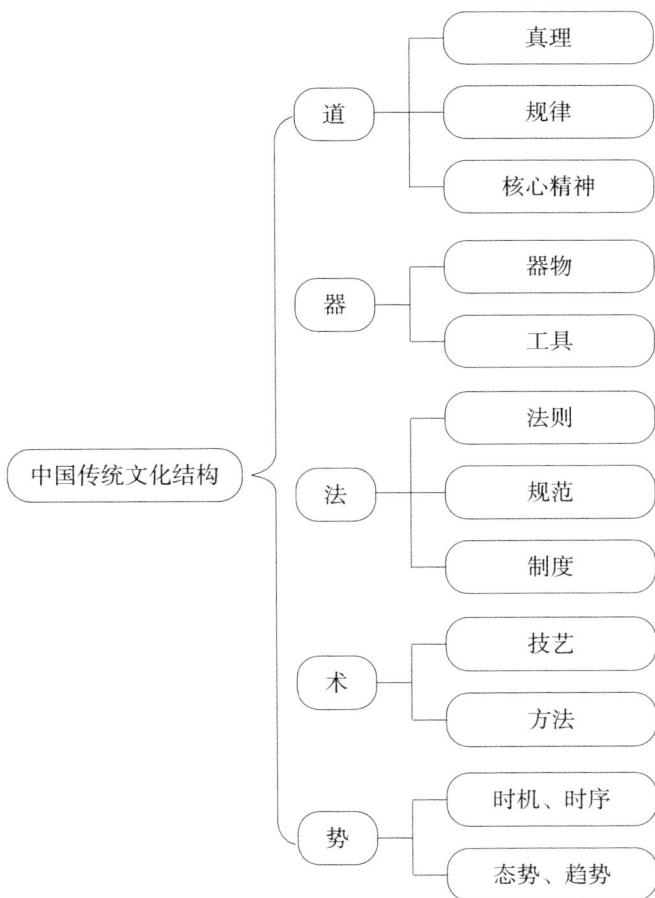

如果从内容范畴着眼，可把中华优秀传统文化划分为三个层次：

1. 第一个层次：道

"道"涵括两个方面：①精神基因、价值取向；②世界观、方法论。具体包含：

（1）"天下为公"的社会理想；

（2）"天人合一"的生存智慧；

（3）"民为邦本"的为政之道；

（4）"民富国强"的奋斗目标；

（5）"公平正义"的社会法则；

（6）"和谐共生"的相处之道；

（7）"自强不息"的奋斗精神；

（8）"精忠报国"的爱国情怀；

（9）"革故鼎新"的创新意识。

2. 第二个层次：德

"德"指向行为方式，具体包含：

（1）"中庸之道"的行为方式；

（2）"经世致用"的处世方法；

（3）"仁者爱人"的道德良心；

（4）"孝老爱亲"的家庭伦理；

（5）"敬业求精"的职业操守；

（6）"谦和好礼"的君子风度；

（7）"包容会通"的宽广胸怀。

3. 第三个层次：艺

"艺"涵括艺术形态和审美情趣，具体包含：

（1）"诗书礼乐"的情感表达；

（2）"琴棋书画"的艺术情趣；

（3）形神兼备、情景交融的美学追求；

（4）俭约自守、中和安泰的生活理念。

那么，如何学习和弘扬中华优秀传统文化呢？习近平总书记提出了"双创"的原则——"创造性转化、创新性发展"。具体来说，就是应力求做到五个"贯通"：

第一，贯通儒、释、道。中国传统文化的发展脉络是"一源三流"，如下所示：

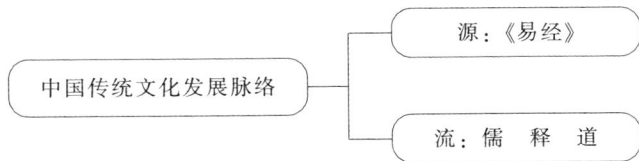

```
                                   ┌─── 源：《易经》
中国传统文化发展脉络 ───────────────┤
                                   └─── 流：儒　释　道
```

儒、释、道可以说是中国传统文化的三大支柱，既有共同的思想与理念，也有不同的观点与方法。可以说，它们是你中有我，我中有你，但又各具特色。如儒家的

"入世"与佛家的"出世",儒家的"有为"与道家的"无为",都存在内在的联系,只有取长补短、博采众长,才是科学的态度和正确的方法。

儒、释、道三家各有其独特的理论体系,发挥着独特的功能,它们之间不完全是对立的,有着很强的互补性。儒学是养性,主要讲为人处世的德行,用"仁、义、礼、智、信"作为准则,讲的是如何处理好人与人之间的关系。释家即佛学是养命,主要讲的是人自身的身心和谐,讲的是人的"灵性",是一种对生命的终极关怀。佛学认为"心生万法",修命可以理解为"修心"。道学是养身,"万物与我为一""道法自然",主要是讲人与自然的关系,提倡人与自然和谐相处。人的身、心、性、灵的修养,离不开"三教"的学问,必须融会贯通。历史上不少思想家如王阳明、梁启超、梁漱溟等都是跨"教"的高手,他们善于把"三教"的思想融会贯通。其实,在中华经典中,"三教"的经典是互相渗透的。有人说,人生的最高境界是:佛为心,道为骨,儒为表。

第二,贯通"道、术、势"。中华优秀传统文化有三大基本内容,一是"道",这是真理、规律,是中国传统文化的核心精神,"道"决定了"德",表现为

"术"，适用于"势"，学习领悟传统文化关键在于"悟道""行道"；二是"术"，这是"道"的表现形式和创造方式，是中国人的思维方式在行为上的表现，也是实现"道"的策略和方法；三是"势"，这是事物的发展趋势、形势，是当下的运用，是"道"与"术"的落脚点。中华优秀传统文化的学习和运用，要用"道"来统率"术"和"势"，直达文化的内核，这是领悟传统文化的根本。为此，学习中华优秀传统文化要把重点放在明道、养德、启智上。

第三，贯通文、史、哲。哲学家培根指出：读史使人明智，读诗使人灵秀，数学使人周密，科学使人深刻，伦理学使人庄重，逻辑修辞之学使人善辩。凡有所学，皆成性格。在对经典的解读中，文学可以把抽象的理论讲得生动有趣，史学以史为鉴、启智明理，哲学可以使人深刻透彻，把这三者贯通起来可以相得益彰，实现道、德、艺的统一。

第四，贯通古今。经典的学习是以古鉴今，古为今用。这就要适应时代的变迁，与时俱进，立足当下，关注现实，从中寻找解决现代人心灵、道德困境的方法。

第五，贯通中西。中华优秀传统文化是中国的，也是世界的。对中国传统文化妄自菲薄是缺乏自信的表现；而夜郎自大，对外来文化加以排斥则是傲慢的表现。因此，必须互相尊重、理解、借鉴、交流，一方面，要用开放的胸襟接纳、借鉴外来的文化并加以创新，把西方优秀文化本土化；另一方面，让中华优秀传统文化走向世界，让世界增进对中国文化的理解，增强中华文化的创新力、感召力和影响力。

2014 年 9 月 24 日习近平总书记在纪念孔子诞辰 2 565 周年国际学术研讨会暨国际儒学联合会第五届会员大会开幕会上的讲话指出："在带领中国人民进行革命、建设、改革的长期历史实践中，中国共产党人始终是中华优秀传统文化的忠实继承者和弘扬者，从孔夫子到孙中山，我们都注意汲取其中积极的养分。"

然而，经典毕竟是几千年前的产物，随着时代的进步，有的内涵发生了变化，我们不能"食古不化"，而应在中国文化优秀基因的基础上，赋予其新的内涵并加以丰富和发展，这就需要进行现代解读，这个解读就是习近平总书记指出的进行"创造性转化、创新性发展"。具体来说，解读的方法有以下几种：一是选择新的视角。经典的内涵是丰富的，全面的学习是一个基础。在此基

础上，要观照当下，紧扣当今人们的精神呼唤，直面新
需求、新问题，用新的视角去解读、去体悟，从中获得
新的答案。二是实现新的转化。中华经典是历史的产物，
随着时代的发展，必然有新的语境、新的要求，为此，
在转化中要"不忘本来"，不忘中华优秀传统文化的根
脉，注入时代精神，赋予新的内涵，焕发其生机和活力；
要"吸收外来"，以开放的心态，接纳世界的优秀文化，
取长补短，博采众长，既不自卑，也不自大；要"面向
未来"，着眼于造福子孙万代和永续发展，为未来的发
展夯实根基，提供不竭的精神动力和力量源泉。三是致
力于新的超越。经典可以温故知新，思想文化的新发现，
科学技术的新发明，为新思想、新观点创造了新条件，
这就要在新的时代加以丰富和发展。正是基于这些认识，
我从几年前着手进行"中华经典之道丛书"的写作，完
成了《〈劝学〉之学习之道》《〈黄帝内经〉之养生之
道》《〈道德经〉之辩证思维之道》《〈菜根谭〉之处世
之道》《〈庄子〉之生命关怀之道》《〈六祖坛经〉之修
心之道》《〈人物志〉之用人之道》《〈列女传〉之女性
修养之道》等，2024 年又完成了《〈易经〉之教育之
道》的写作。本丛书的写作有三方面考虑：一是分主题

切入，分类选择主题，集中于某一个侧面进行解读；二是观照当下，关注现实，结合当代人的现实生活，以古鉴今；三是力求通俗易懂，经典大多比较深奥难懂，为此，必须用现代的语言进行讲解，用讲故事的方法来阐述道理。

"中华经典之道丛书"每一册以一部经典为范本，选择一个主题作为切入点对经典进行导读，始终在"贯通"两字上下功夫，观照当下，学以致用，寻找传播、普及中国传统文化的新路径，这也是一种新的尝试。

"中华经典之道丛书"的写作，让我重温经典，对我来说是一次再学习的过程，我从中增长了知识，更为重要的是完成了心灵的修炼，虽然辛苦，但乐在其中。由于能力、水平有限，本丛书一定存在一些不足，期待得到读者的指正。

是为序。

作者于广州

2025 年 2 月 10 日

目　录

绪　论

　　《易经》由《经》和《传》组成，《经》分为《上经》三十卦，《下经》三十四卦，据说是伏羲作卦，文王作辞；这部分的内容又称为《周易》。《传》一共七种十篇，分别是：《彖辞》上、下篇，《象辞》上、下篇，《文言》，《系辞》上、下篇以及《说卦》《序卦》和《杂卦》，统称为"十翼"，据说为孔子所作。

　　《易经》是中华经典中最高深、最玄妙的一部著作，也是中华优秀传统文化的源头，被称为"群经之首"，儒家、佛家、道家三个学派以及道家、兵家等都与《易经》有着千丝万缕的关系。学界把它们之间的关系称为"一源三流"。特别是儒家鼻祖孔子，对《易经》的热爱和研究可以说达到了痴迷的程度。金景芳、吕绍刚在《周易辞典》中引用了马王堆帛书《易传·要篇》说：

"夫子老而好《易》，居则在席，行则在橐（tuó）。有古之遗言焉，予非安其用，而乐其辞。后世之，士疑丘者或以《易》乎!"司马迁在《史记·孔子世家》中说："孔子晚而喜《易》，序《彖》《系》《象》《说卦》《文言》，读《易》，韦编三绝。曰：'假我数年，若是，我于《易》则彬彬矣。'"意思是说，孔子晚年喜欢研习《周易》，他详细解释了《彖辞》《系辞》《象辞》《说卦》《文言》等。孔子研习《周易》十分用功，曾经多次把编连书简的牛皮绳子都磨断了。他还说："如果可以让我再多活几年，我就能对《周易》的文辞和义理作更充分的阐释。"

《论语·述而》还记载："子曰'加我数年，五十以学《易》，可以无大过矣。'"意思是，孔子说："假如让我多活几年，到五十岁时专心研究《周易》，以后就不会有大的过错了。"孔子认为随着人生阅历和知识的增长，学习《周易》就能使自己的行为符合天地之道，并且日新其德，为人处世就不会有过失了。后来，孔子作《十翼》对《周易》的思想加以阐释。

《易经》是一本百科全书，每一个人都可以从自身的视角去寻找自己所需要的内容。于是，派生出各种各样的易经研究学科，如易经预测学、易经中医学、易经天文学、易经建筑学、易经文学、易经美学等。但查阅与《易经》相关的论著，有关教育学与《易经》的专著却未见到，这不能不说是一个遗憾。

2025 年 1 月 19 日，中共中央、国务院印发的《教育强国建设规划纲要（2024—2035 年)》中指出："到 2027 年，教育强国建设取得重要阶段性成效。各级教育普及水平持续巩固提升，高质量教育体系初步形成，人民群众教育获得感明显提升，人才自主培养质量全面提高，拔尖创新人才不断涌现，关键领域改革取得实质性进展，教育布局结构与经济社会和人口高质量发展需求更加契合，具有全球影响力的重要教育中心建设迈上新台阶。到 2035 年，建成教育强国。党对教育事业全面领导的制度体系和工作机制系统完备，高质量教育体系全面建成，基础教育普及水平和质量稳居世界前列，学习型社会全面形成，人民群众教育满意度显著跃升，教育服务国家战略能力显著跃升，教育现代化总体实现。"纲要中还提出，要"正确处理支撑国家战略和满足民生需求"等关系。

教育、医疗、就业是当下人们关注的三大民生问题，而教育居于首位。教育在每个人、每个家庭乃至一个国家中的地位举足轻重。

首先，教育关系一个人的成长、成才。人，生来蒙昧，需要开启智慧。一个人成长以及长大以后所需要的一切，都来自教育的馈赠。教育改变人生，教育是一个人的希望，也是一个家庭的希望。每一个家长都希望培养一个人格健全、身心健康、知书达礼、才学俱全的人。一个有远见、有智慧的家长都懂得对孩子的教育投资是最划算、最有价值的投资。许多家长也知道把子女教育好，不但能使家道长盛，而且也是为国育才。他们都知道"千难万难，教子做人""授儿千金，不如授儿一技"的道理，也明白有德品、有才能的孩子将会一生无忧、光耀门庭，也能为社会、为国家建功立业。可以说，有什么样的教育就会培养出什么样的人才，教育的品质决定了学生的品质，这关系到一个人教养、学养、修养的发展水平。《教育强国建设规划纲要（2024—2035 年)》中指出："建设高素质专业化教师队伍，筑牢教育强国根基。"百年大计，教育为本；教育大计，教师为本；教师大计，师道为本。

其次，教育在一定程度上决定了一个国家国民的素

养和社会的文明程度。教育是评价一个社会国民素养和文明水平的一把标尺。《礼心·经解》记载："孔子曰：入其国，其教可知也。其为人也，温柔敦厚，《诗》教也；疏通知远，《书》教也；广博易良，《乐》教也；洁静精微，《易》教也；恭俭庄敬，《礼》教也；属辞比事，《春秋》教也。"孔子认为，进入一个国家，看国人的举止、修养、学识，就可以知道他们受教养的状况和社会风貌。他同时提出了教育的六大内容：《诗》《书》《礼》《乐》《易》《春秋》。孔子认为，如果看到国人温和柔顺、朴实敦厚，那是《诗》的教育结果；如果通达政事、远知古事，那是《书》的教育结果；如果谦恭节俭、庄重诚敬，那是《礼》的教育结果；如果心胸宽广、和易善良，那是《乐》的教育结果；如果纯洁沉静、洞察细微，那是《易》的教育结果；如果善于文辞、排比史事，那是《春秋》的教育结果。孔子在这里讲的"六经"，分别是《诗经》《尚书》《乐经》《易经》《礼记》《春秋》。很可惜，在"六经"之中，《乐经》已经失传。"六经"的教育关系每个人的思想道德素养和文化艺术素养，对一个人的成长、成才起着决定性的作用，也体现了一个民族的整体素质。在这里讲到《易经》教给人以"洁静精微","洁静"指的是一个人的心灵纯净和心性的安详,"精微"指的是一个人的智力,即洞察力、判断力和创造力,"洁静精微"中体现了一个人全面发展的综合素养。

再次,教育是治国安邦中必不可少的重大举措。孔子是一个政治家,也是一个伟大的教育家,他认为为政者执政有两大任务:一个是富民,一个是教育。《论语·子路》记载:"子适卫,冉有仆。子曰:'庶矣哉!'冉有曰:'既庶矣,又何加焉?'曰:'富之。'曰:'既富矣,又何加焉?'曰:'教之。'"孔子前往卫国,孔子的弟子冉有为他驾车并向他请教治国方略。孔子说:"这里人口众多啊!"冉有问:"人口众多之后,接着应该做什么?"孔子说:"让百姓富裕起来。"冉有又问:"富裕以后还应该做什么?"孔子说:"教育他们。"在这里孔子讲了人口再生产和物质再生产以及精神再生产的关系,治理一个地方首先应该是有人口的增长和聚集,这样就会有人气、有消费能力、有劳力的供给,然后要让他们富裕起来,在富了"口袋"之后,要富他们的"脑袋"。这就是要大办教育,提高百姓的综合素质。西汉刘向说:"既富乃教之也,此治国之本也。"宋朱熹说："富而不教，则近于禽兽。"为政者要一手抓致富，一手抓教育，用今天的话来说，就是两个文明一起抓。可见，抓教育体现了为政者的远见和卓识。

综上所述，教育不但关系一个人成长的健康、家庭的幸福，也关系一个国家和民族的未来。古代的许多名流，从政、从文之后的晚年都选择从事教育。孔子晚年广开书塾，弟子有三千，其中杰出的弟子有七十二个。他们为什么最后选择教育这一神圣的事业？这是因为他们总结了人生的经验，积累了教育的智慧，特别是明白了教育的战略意义，他们深知培育人才是立国之本。

《管子·权修》说："一年之计，莫如树谷；十年之计，莫如树木；终身之计，莫如树人。"教育的水平和质量决定了一个国家和民族的未来，人才是一个国家最稀缺、最宝贵的资源，人才决定了一个国家的兴衰成败。而教育则是培养人才的摇篮，没有高质量的教育，不可能造就优秀的人才。因此，党和国家把科教兴国上升为国家战略，教育服务国家战略能力显著跃升。

我国历来是一个高度重视教育的国度。中国古代，教育不是单纯教授知识，而是以育人作为教育的第一目标，传道、授业、解惑，传道居首位，注重的是教授学生有德行，有智慧，有道德操守和崇高的精神境界。从中国教育史上看，道德情操感、历史使命感和高雅审美感，一直贯穿教育的实践之中。无论是孔孟还是老庄，无论是佛道思想还是宋明理学，在教授知识的同时，尤其重视提升学生的身体素养、道德修养、文化艺术修养、健康心理修养和理论思想素养。在这样一种传统的影响下，在中国漫长的历史中，教育培养了一代又一代志士仁人，不断推动社会的进步，促进文明的繁荣，使得中华文化能一脉相承，历久弥新，这种良好的传统，追根溯源是来自《易经》的。

《易经》作为中国古代阐述天地间万象变化的经典著作，其教育的内容具有科学性、系统性，以培养"健全的人格"为核心，以提高人的核心素养为根本，全面地提出了修行大道、品德修养、科学思维、审美能力、心理健康、珍惜生命等教育内容，这些内容用几个字来概括就是"道""德""智""美""性""命"，这些内容围绕着具有"身、心、性、社、灵"完整的人格去构建，追求一个人的人生幸福、远大的理想和有为的事业，使之成为追求真善美相统一的人，发展成为有坚实文化基础、健全的人格，学会科学思维且拥有高远精神追求的人。《易经》阐述的教育之道，其逻辑起点是天生命，然后是命生性、性生情、情生意、意生智，最后是智生道，以"命"作为起点，以"道"作为教育的归宿。《易经》认为教育是充沛人的生命的，其伟大使命是促进人的身心健康发展；教育是养性的，应当培养人的优良品性；教育是陶冶性情的，应当锤炼人的高尚情操；教育是启智的，应当开发人的潜能，启迪人的智慧；教育是富有创意的，应当激发人的想象力和创造力。

《易经》特别强调教育是明道的，这个"道"包括四个含义：一是明器用之道，即制裁万物、格物致知；二是明人事之道，即和谐共处，合作共赢，共生共荣；三是明管理之道，即公平竞争，科学考评，以竞争求生存，以进取图发展，以成败论优势；四是明治国安邦之道，即软硬兼施，刚柔相济，协和万方。

教育如同植树，根深才能叶茂。中国的教育只有深深地扎根于中华优秀传统文化的沃土之中，大胆地学习和吸收全世界优秀的科技和文化成果，才能长出参天大树。而中华优秀传统文化的源头是《易经》，其中有丰富的教育思想，今天读起来，仍然有借鉴意义，给我们以深刻的启示。

　　2013 年 4 月，习近平总书记在《致清华大学苏世民学者项目启动仪式的贺信》中说："教育决定着人类的今天，也决定着人类的未来。人类社会需要通过教育不断培养社会需要的人才，需要通过教育来传授已知、更新旧知、开掘新知、探索未知，从而使人们能够更好认识世界和改造世界、更好创造人类的美好未来。"2018年 5 月 2 日，习近平总书记在北京大学师生座谈会上强调："教育兴则国家兴，教育强则国家强。"2024 年 8 月26 日，《中共中央　国务院关于弘扬教育家精神加强新时代高素质专业化教师队伍建设的意见》指出："强国必先强教，强教必先强师。"党和国家把教育和科技放到优先发展的战略地位，提出了科教兴国的战略，是登高望远作出的战略决策。

　　今天，我们研究、学习中国的教育之道，可以从《易经》入手，从而透彻地理解教育的本质和规律。正因如此，笔者近年来潜心研读《易经》，试图从中寻找中国教育之道。

第一讲 《易经》是中国古代第一部系统论述教育的宝典

　　《易经》是中国古代最早的教材，是古代学子们科举必考的四书五经里最重要的一本经书，同时，也是对教育作了系统、全面的论述的教育论著。孔子在《论语》中阐述的许多教育思想和教育智慧，大多来自《易经》。《礼记·学记》也是一篇论述教育的专著，其教育思想同样来自《易经》。因此，我们对中国古代教育思想的寻根溯源，无疑要从《易经》入手。而当我们潜心于《易经》的研读，认真体悟，便会发现其中有许多富有价值的教育思想，这些教育思想对于今天的教育工作仍然具有现实意义。

　　今天，社会上对教育的关注度和反思度是很高的，对素质教育改革的呼声也很高，对以"应试教育"筛选人才多有诟病，但教育改革的难度很大，进展甚微。究其原因，恐怕还是未能"返璞归真"，对教育的本质未达成共识。教育存在急功近利的现象，早教未被摆上应有的位置，义务教育变为升学教育、考试教育，高等教育变成了职业培训场，不少学生把上大学当作就业或者取得学历的途径。教育的宗旨是培育和造就人才，既不是工业产品的设计和生产，也不是知识的贩卖，更不是传授考试得高分的技巧。由此决定了教育不是产业，学校不是工厂，教育追求的不是经济价值而是人才价值，教育的使命和目标是培育全面发展的人，是造就健全的人格，是弘扬人性的光辉。

那么，什么是教育的本质呢？这要从"教育"二字说起。

汉字中的"教育"二字，非常深刻地揭示了教育的宗旨，指出了教育的本质和使命，即通过传授知识、蒙以养正、立德养性、启智明道、明理审美，培养适应社会发展需要的人才，提高每个人的生命质量和生命价值，充分地开发人的智慧和潜能，提升人的精神内涵和境界。为此，在这一讲里主要解读"教育"二字的内涵，对《易经》重"教"的历史传承和其主要教育思想及重要贡献作一个粗略的介绍。

一、"教育"二字的解读

"教"，会意字。《说文解字》教部："教，上所施下所效也。从攴从孝。凡教之属皆从教。"意思是说：教，上施下效，在上位的施教，让在下位者仿效。"教"的本义是教导训诲。《礼记·学记》："教也者，长善而救其失者也。"意思是说，教育就是增长人的优点和长处，纠正和弥补人的过失。孔子说过"有教无类",就是说对学生的教育应不问贫富贵贱,给予平等的权利。教与学是相辅相成、互相促进的,故有"教学相长"的说法。

教,甲骨文为 𣁬,左边是一个"子"(小孩),"子"上为爻(表明会通),右边从攴(手持棍形),会智者教导孩子效仿学习,使之明通道理之意。

金文为 𢽤,篆文则为 𢾭。两者都承续了甲骨文的字形。东晋时,左边部分演变成"孝"字,一方面出于字形简化的需要,另一方面反映出古代儒家"孝"道观念渗透在文字之中。

育,会意字。毓、育、㐬、𠫓四字是同源字。《说文解字》𠫓部:"育,养子使作善也。从𠫓,肉声。"《虞书》曰:"教育子。"

甲骨文为 𣫭,从母(戴头饰的妇女),从倒"子",会妇女生孩子之意,表示生育产子时头朝下产出之状。

金文为 𣫭,从母,并在子周围加几个小点,突出母亲生孩子时血水淋漓下滴之状。

小篆为 𠫓,保留倒"子",将倒"子"周围几个小点变为"肉"（月），肉表示孩子是母亲身上掉下来的一块肉，也表示在生育的意义之外还有养育之意。《广雅》："育，生也。"育的本义为生育。"教育"二字揭示了教育的本质、内涵及其方法，有助于我们了解教育之道。

教育的宗旨是使人明道、启智、觉悟。甲骨文的"教"字从爻，《说文解字》爻部："爻，交也。象《易》六爻头交也。"孔颖达在《周易正义》中说："伏羲制卦，文王卦辞，周公爻辞，孔子十翼也。"爻辞是周公创设。"爻"是什么意思？"爻"的甲骨文像交叉的乂（甲骨文"五"字写法）重叠相织之形。"乂"指交叉，即纵横交错。从阴阳的运行来看，交叉意味着阴阳交替。《易传·系辞》对"爻"有多处论述，大致有如下几层意思：

一是交互、变化。《易传·系辞上》："爻者，言乎变者也。"意思是说，爻辞是用来解释变化的。卦的变化取决于爻的变化，每个卦由六个爻位组成。《易传·系辞下》又说："爻也者，效天下之动者也。"六爻是仿效天下万物的发生与变化的，衍生为天地万物生生不息的变化规律。《易经》中的六爻，存在着承、据、比、应的关系，因时、因地、因人、因事而发生运动和变化。

　　二是"爻"的变化源于"道"的变动。《易传·系辞上》："六爻之动，三极之道也。"意思是说，六爻的变动，包含着上至天、下至地、中至人的道理。《易传·系辞下》："道有变动，故曰爻；爻有等，故曰物。"意思是说，《易经》的道理在于变化运动，仿效变动的情状就叫六爻；六爻各有上下等级，就叫作物象。

　　三是会通、融通。《易传·系辞上》："圣人有以见天下之动，而观其会通，以行其典礼，系辞焉以断其吉凶，是故谓之爻。"意思是说，圣人发现天下万物运动不息，就观察其中的会合变动，以利于施行典法礼仪，并撰系辞来判断事物变动的吉凶，所以称作"爻"。从以上分析中，我们可以看到，"爻"是天地万物运动发展的规律以及与之相适应的人事发展变化的规律。"爻"在"教"字中，表示教育就是引导人们不断地寻找和发现真理，寻找和发现自然及社会的发展的规律。教育就是通过穷、通、变、久，去寻道、明道、行道。因此，《中庸》的"修道谓之教"，是说修行大道就是教育，就是让人的人生有一个正确的方向，能够明白事物发展的规律和做人的道理。这在一定程度上揭示了教育的本质。

教育的最佳时机是从婴儿时期开始。"教"字，从子。"育"字也有一个倒写的"子"。"教育"两个字中都有一个"子"字，这意味着教育要从生育之时开始，从孩子开始，注重儿童早期的智力开发。

婴儿时期，是人的神经生长发育最关键的时期。越是在年幼时进行适当的教育则可塑性就越大，接受事物的影像在大脑皮层留下的痕迹也越深刻。我们在幼儿时期背诵下来的古诗词，往往一辈子也不会忘记。所以，婴幼期是孩子接受教育的最佳生理时期。儿童大脑发展的关键时期是 0 ~ 3 岁婴幼儿阶段。在这个阶段中，大脑迅速发展，通过良好的引导和教育，可以为儿童今后品德、性格、智力、情感、运动、社会交往等各方面能力的发展打下良好的基础。

婴儿时期是孩子打下知识基础、形成良好习惯的最佳时期。荀子曾言："少而不学，长无能也。"幼年时期也是孩子品质、人格的奠基期。人的一生是从幼年开始形成性格、品格和心理特征的，而在青年时期开始定格，故有"三岁定终身"之说。这就如一棵小树苗一样，在幼苗时不压制它，不让它长得畸形，就能长成参天大树。许多心理学研究证明，一个人的性格和成长模式，直接取决于其早期的生活经历，特别是原生家庭的状况。欧阳修取得的成就与早期生活经历就有很大关系：

> 欧阳修是我国北宋时期著名的学者，是一个造诣颇深的书法家。他的成功得益于小时候母亲的教育和学习。由于他的母亲循循善诱，引导得法，幼小的欧阳修很快就爱上了诗书。每天读写，积累的知识越来越多，在他小的时候就已能过目成诵。10 岁的时候，母亲就经常带欧阳修到附近藏书多的人家去借书读，因为家穷无钱购书，母亲就让他把借来的书抄录下来。欧阳修长大以后，进京参加进士考试，连考三场，都得了第一名。欧阳修二十多岁的时候，已经在文坛上很有声誉了。

这说明学习要从幼小的时候抓起，儿童的早期教育对一个人的成长起着奠基作用。许多艺术家之所以成才，都与幼小时练就的"童子功"有关系。正是幼小时的学习打下了坚实的基础，长大以后学问多能得心应手。

据调查，从小就接受早期教育的孩子比上学之前没有接受过早期教育的孩子，在智商、情商以及运动协调性等方面都要强，尤其是在良好学习习惯的养成和学习能力方面。另外，一个人成人以后的大部分性格和习惯，在其 7 岁之前就已经养成了。这说明从小对孩子进行良好的教育与培养，对其性格的塑造和今后的发展都是至关重要的。有的学者认为，一个人成年以后的所有行为都可以在他幼年时期的家庭环境中找到答案。一个人在幼儿时期形成的口味、爱好往往是一辈子都难以改变的，正如人们常说"妈妈做菜的味道是他一辈子喜欢的口味"那样。因此，教育孩子从小养成正确的人生观、价值观和良好的习惯，对孩子的一生将产生决定性的影响。

教育要从小抓起，从早抓起。关于这个"早"，南北朝的颜之推提到了胎教，即孕期教育，这已经被当代科学证明是正确的。母亲孕期的生理、心理状态对胎儿的成长有着直接的关系。父母承担着孩子生育、养育、教育的三大重任，只有懂得这"三育"，才是一个合格的家长。

教育的首要内容是中国孝道。 教，从孝，"孝"为孝心、孝行、孝道，这里指出了教育的首要内容——行孝道。"孝道"教育应当作为人生教育的第一课。"百善孝为先"，孝是中华民族的传统美德，是评估一个人道德品质最基本的标准。孔子认为孝顺出于人性，是一个人立身处世最基本的品德。孝只满足父母衣食住行的要求还不够，还要有尊敬之心。子游问孝，子曰："今之孝者，是谓能养。至于犬马，皆能有养。不敬，何以别乎？"意思是说，子游曾请教孔子什么是孝，孔子说：如今所谓的孝，有人认为能够奉养父母便足够了，然而，这是连狗和马等牲畜也都能做得到的事情。孝敬父母如果不恭敬顺从，那又与饲养动物有什么区别呢？"子夏有一次也问孝，孔子说："色难。"孔子的意思是说，子女保持和悦的脸色是最难的。孝来自子女对父母表现出来的爱心，这种爱心表现为和悦的神情和脸色。朱熹解释说："盖孝子之有深爱者必有和气，有和气者必有愉色，有愉色者必有婉容，故事亲之际，惟色为难耳。"朱熹在这里解释了孔子所说的"色难"的缘故。这确实比敬父母的要求还更高一些。父母年纪大了，变啰唆了，有的年迈多病还要子女伺候，要保持和颜悦色确实很难。《礼记·内则》记录了曾子对孝的一段阐述："孝子之养老也，乐其心不违其志，乐其耳目，安其寝处。"这里讲到孝子要让父母得到内心的快乐和耳目的快乐，把孝道的实行从物质层次提升到精神层次。

《孝经》阐述了中国孝道的基本要求，认为"孝"

是天之经、地之义、人之性。子女对父母要"居则致其敬，养则致其乐，病则致其忧，丧则致其哀，祭则致其严"。

教以孝为先，其实是人性的教育，在今天仍然很有必要。孝道教育应当作为每个人的第一课。因为这一课回答了一个人"从何而来，要往何处去"的问题。当今正是由于孝的教育缺失，许多孩子不懂感恩，把父母所付出的心血和劳动都认为是天经地义的，对父母的关心、体贴太少。苏联著名教育家苏霍姆林斯基每年迎接新生入学时，总要在他创办的巴甫雷什学校校门正对的墙壁上挂上一幅大标语："要爱你的妈妈!"他说："如果一个孩子连他自己的妈妈都不爱，他还会爱别人、爱家乡、爱祖国吗?"

教育的方法是宽严结合，以严为先。教，从"攵"，"攵"为手执杖或教鞭敲打、督促，其意思是教要严格要求，严厉鞭策。"教"需教"人"，"育"需育"心"，育人先育心，育心需要智慧和正确的方法。教育的方法有多种，但最主要的是严教为要。"宽以待人易成事，严格教子易成才。"俗话还说："慈母出败儿""严师出高徒"。今天，我们虽然不主张体罚制度，但严格要求是有利于孩子的成长的。

  著名翻译家傅雷对儿子傅聪的教育非常严格，他深谙一个人的行为习惯是其品德形成的基础，因此，将孩子良好习惯的养成教育寓于立身行事、待人接物的家庭生活之中。为让傅聪学习中华优秀传统文化，傅雷从经、史、子、集的材料中给孩子制定日课，亲自监督、严格执行。傅聪按照父亲的规定，每天几小时地练习弹琴，有时弹得十分困倦，手指酸痛，也不敢松弛一下。傅雷对穿衣、吃饭、站立、行动、说话这样的生活小事，都提出了严格的要求，教导儿子在生活中形成文明高雅的规范行为。家中吃饭时，要求孩子食不可语，不许随意讲话，咀嚼食物时嘴里不许发出声响，舀汤时不许滴洒在餐桌上，饭后要记得把餐凳放入餐桌之下；家里的物品用完后，要有规矩地放回去，特别是书，不可以随意乱放；对人要客气，尤其是对师长或者老年人，说话时态度要谦和，手要垂直放在身体旁边，人要站直，注意讲话的方式、态度、语气、声调等。正是这样严格的家教，使傅聪从小就举止端庄，严格自律，直至成为世界一流的钢琴演奏家。

教育的途径是以文教人，以文化人。简化的"教"字，从文，此谓以文教人，以文化人。教育从来离不开文化，"观乎人文，以化成天下"，教育要通过"文"把人的素质"化"高。这个"文"，包括知识、智慧、高尚的人格和思想境界。这个"文"的教育不是空洞的说教，不是公式化、概念化的教化，而是通过艺术方式去修心、养眼、悦耳、怡情，锻造一种非功利的心，以及胸怀天下、融小我于大我的精神境界。

李苦禅先生（1899—1983）是我国当代著名的国画家和美术教育家，李燕是他的儿子。在李苦禅的苦心教育下，李燕在画坛脱颖而出，颇有造诣。李燕子承父业，也迷上了绘画，李苦禅便经常对儿子说："人，必先有人格，尔后才有画格；人无品格，下笔无方。"秦桧并非无才，他书法相当不错，只因人格恶劣，遂令百代世人切齿痛恨，见其手迹无不撕碎如厕或立时焚之。据说留其书不祥，会招祸殃，实则是憎恶其人，自不会美其作品了。李苦禅自己说到做到，率先示范。1937年北京沦陷了，伪"新民会"妄图拉拢社会名流为其装点门面，派人来请李苦禅"出山"，李苦禅不为所动，凛然拒绝。

此后，他断然辞去教学职务，以卖画为生。父亲的言行，儿子看在眼里，听在耳里，记在心里，化为行动。"文革"结束后，有一天，李苦禅叫来儿子，说有关部门通知前往认领散乱的查抄物品。他对儿子再三叮嘱："上次叶浅予和陆鸿年把错领的那些东西都退给咱们了。这正是看人心眼儿的时候，咱们要错领了，也要还给人家呀！"让李苦禅说中了，在李燕领到的"杂画一批"中发现有一卷二十件黄宾虹的未装裱之作，中有二三件书有李可染的上款。李燕遵父嘱，当即交还工作人员，并立即通知李可染。李可染见心爱之物"完璧归赵"，喜不自胜。李苦禅听说后，也非常高兴。当时在场的友人开玩笑说："何不趁此跟那位李先生讨幅画？"原来李可染画牛是出了名的。但李苦禅连连说："物归原主多好啊！"李苦禅逝世后，李燕曾在《风雨砚边录——李苦禅及其艺术》一书中详细谈到此事。由此可见，父亲的品格教育对他的影响之深。

教育的原则是以上率下，率先垂范。俗话说："身教胜于言教。"许慎在解释"教"的本义时指出，"教"是"上所施、下所效"，强调教是一种上行与下效的关系，即居上者的表率作用会带动居下者的学习和效仿。俗话说："与其喊破嗓子，不如做出样子""上梁不正下梁歪"，作为社会的示范阶层，政坛官员、文化名流、企业家的行为对社会都具有示范效应。历史上有"楚王好细腰，宫女多饿死"的典型案例。孔子说："君子之德风，小人之德草，草上之风必偃。"意思是说，上面的人吹什么风，下面的人随风而伏。孔子在这里强调做好垂范表率的重要性，由此可见，身教对一个社会的作用有多大。

在一个家庭中也是如此。家长是孩子的第一任老师，孩子是父母的一面镜子，从孩子的身上可以看到父母的影子。孩子的学习、模仿能力极强。家长有所好，孩子必有所学，家长的一言一行对孩子都有示范作用。

诸葛亮晚年得子，取名诸葛瞻，字思远，取"志当存高远"之意。诸葛亮为了使儿子树立远大志向，积极进取，成为一个有作为的人，特意写了《诫子书》与《又诫子书》示儿。在循循善诱的言传之外，诸葛亮更注重"正己教人"，即以自身的言行举止去感染和熏陶自己的子女。他勤于政事、忠于职守，鞠躬尽瘁，死而后已；他"言必信，行必果"，以身作则，刚正不阿。诸葛亮贵为蜀相，位极人臣，权倾朝野，却不愿去封妻荫子，反而让儿子"自讨苦吃"，将儿子派往深山峡谷中艰苦劳作。他强调"静以修身，俭以养德"，决不利用自己身居高位来增加私产，好让子女坐享其成。他的良苦用心得到了回报，诸葛瞻成年后果然以其父为榜样，尽忠报国，后来战死绵竹，在历史上留下英名。

其实，成功的教育，是留给孩子宝贵的精神财富，这一精神财富远远胜过金银财宝。好的家风，好的品德，是一个家庭的一笔隐形的财富，对子女成长的影响是极其深远的。

二、《易经》揭示了教育的本质和宗旨

饱食暖衣，逸居而无教，则近于禽兽。我们的祖先很早便意识到了教育的重要，并且开始了有目的、有组织的教育活动。上古时代，传说中的伏羲、神农、黄帝、尧、舜已经开始重视教育，西周之时已经有大学、小学、国学、乡学，逐渐形成了以礼、乐、射、御、书、数为主体的"六艺"教育体制。《易经》在蒙卦中说："初

六，发蒙，利用刑人，用说桎梏，以往吝。"这是说
"初六"处于启蒙之始，蒙稚未开，应当开展启蒙教育。
此时贵于树立典范，才能使人品质端正，避免犯罪。春
秋战国时期，私学开始兴起，如孔子、墨子、荀子等都
通过讲学来传授知识，培养人才，且出现了一些教育专
著，积累了丰富的教育经验和教育理论，对后世产生了
深远的影响。如孔子提出因材施教，强调要对不同的学
生有不同的教法，而非千篇一律说教；又如温故知新，
强调学习本身是不断实践的过程，需要反复学习，才能
牢固掌握，并从中融会贯通，举一反三；此外还有循循
善诱，诲人不倦；等等。

西汉时，已经出现了专门传授知识、研究学问的太
学，讲究明经修行。唐代建立了从中央到地方完备的学
制体系，当时周边各国还派留学生前来学习中国文化。
唐宋以后，新型教育机构——书院开始出现，这些书院
以义理修行为核心，将做人与做学问统一起来。明、清
大致相似，中央有国子监，地方有府学、州学、县学，
边疆还有卫学，规模有大有小，许多学政正是在这个时
期形成的。

时下，人们对教育的本质和宗旨仍未达成共识，当

"应试教育"饱受诟病以后，有人提出了教育的宗旨就是提高综合素养和核心素养。所谓核心素养，就是以培养"全面发展的人"为核心，以自主发展为导向，以提升适应终身发展和社会发展的品格与能力为目标。这个核心素养分为三大类：

一是学习与创新素养。包括批判性思维解决问题的能力、沟通与协作的能力、创造与革新的能力。缺乏质疑精神和理性的批判精神是当下教育的一大缺失。中国古代的教育思想主张"切问近思"，提倡独立思考，不迷信书本、权威，勇于探究和创新，这是需要大力培养的一大素养。

二是数字化素养。包括信息素养、媒体素养、信息与通信技术素养。在今天的信息时代，互联网、新媒体已经渗透到人们生活、工作的方方面面，没有这种素养，已经很难适应新时代的发展要求，这是时代发展提出的新要求。

三是职业和生活技能。包括灵活性与适应能力、主动性与自我导向、社交与跨文化交流能力以及责任感、领导力等。

这些看法没有错，是试图从追求学历向追求能力的转变。但这仍然未能回归教育的本质，其认知的高度和深度远不如《易经》，其实，《易经》早就对教育的本质作出了回答。《易经》对教育之道的阐述，可以用四个"大"来概括，即修大道、明大德、启大智、创大业。

（一）修大道，培养行道之人

修大道即是引导学生领悟天地之道、为人处世之道。《易传·系辞上》："古之聪明睿知，神武而不杀者夫。是以明于天之道，而察于民之故，是兴神物以前民用。"意思是说，古代那些聪明、睿智的人，料事如神，英勇威猛，因此不会消失在人们心中。这是因为明白天道，细察人民的事，用蓍①占神物来作为人民动作的先导。这个"天道"就是自然的发展规律和民心向背。汉字"道"是由行走之路"辶"和人之"首"组成的，意为要走一条经过头脑思考判断选择的道路。孔子《论语·学而》讲"道"："君子务本，本立而道生。"意思是说，君子要专心致志地抓住根本的事物，一旦这个根本确立了，根基稳固了，人生正途就会随之展现开来。《论语·述而》："志于道，据于德，依于仁，游于艺。""志

---

① 蓍：音 shē。一种香草，古代用其茎占卜。

于道"是以知"道"、行"道"为志向，道居于德、仁、艺之前。《易经》指出教育在传道、解惑，授技这三者中，传道处于首位。求道、问道、修道、传道、行道是教育最本质的要求。

《中庸》开篇就说："天命之谓性，率性之谓道，修道之谓教。道也者，不可须臾离也，可离，非道也。"意为上天赋予人的叫作性，遵循上天赋予的性而行动叫作道，把道加以修行并使众人仿效叫作教。道，是不能离开片刻的；如果可以离开，那就不是道了。《中庸》在这里说"修道之谓教"，指出了教育的基本任务就是修道。这一思想来自《易经》。

那么这个"道"到底是什么呢？这个"道"就是我们今天所说的培养德、智、体、美、劳全面发展的人。柏拉图在《理想国》中，曾指出教育的任务是促进人"从低处向高处""从黑暗引向光明""从虚假引向真善"，促进"灵魂转向"，促进人的发展，这一看法与《易经》的理念有相似之处。

18 世纪法国启蒙思想家卢梭认为，教育主要有三大内容：一是自然教育，解决好人的身体与能力的内在发展；二是人的教育，解决好人与人之间的相处之道；三是事物的教育，掌握客观事物发展的基本规律。这三种教育是协调一致的，聚焦于培养人，并懂得作为一个人存在的意义和人生的方向。这些看法与《易经》也是一致的。

古今中外，修行大道的哲理都与《易经》如出一辙，即"无本则无道"。强调必须有坚定的信念和基本的原则作为指导思想和行动准则才能建立起相应的制度规范和实现人生价值。

第一，教育要引导人们去领悟宇宙之大道，也即宇宙的运行规律和法则。

《易传·系辞上》："《易》与天地准，故能弥纶天地之道。仰以观于天文，俯以察于地理，是故知幽明之故。原始反终，故知死生之说。"意思是说，《易经》所讲的道与天地的运行规律是一致的，所以能普遍包括天地之间的一切道理。古人仰观天上日月星辰的运动变化规律，俯察山川原野之形态，故知道阴阳互变的道理。推究事物的初始，反求事物的终结，故能知道死生的规律。对于宇宙这个客观世界的运行规律，虽然人类已经有所了解，随着科技的发展，我们已经能登上月球，巡行于太空，但仍然知之不多。我们对世界本源是什么、宇宙是从何而来的、什么是能量场，仍然未能作出科学的回答。《易经》告诉我们对世界和事物的认知不能停留在现象上，要透过现象去认识，把握事物的本质和规律。为此，《大学》开篇就说："物有本末，事有始终，知所先后，则近道矣。"世上的万事万物都有本末，凡事都有其始终。如果知道了应该先做什么，后做什么，那么就接近于"道"了。这就告诉了我们解决问题的一个方法，即治本重于治标，懂得了道，就能从根本上解决问题。对自然规律的追寻，其实也就是对"真"的追寻，这就是引导人们去发现真理，寻找规律，建立科学法则。

第二，教育要善于把天道、人道、地道贯通起来。

《易经》强调"天人合一"的生存法则，讲究天时、地利、人和，同样，教育必须把握天地之道，贯彻、落实于人道之中。《易传·系辞下》："《易》之为书也，广大悉备。有天道焉，有人道焉，有地道焉。兼三才而两之，故六。"意思是说，《易经》这部书，内容广大，无所不包，含有天的道理、人的道理、地的道理。兼顾天、人、地三才各以两爻表示，所以一卦有六爻。《易经》认为天人合一，天人同理，人道必须符合天道才能吉祥和幸福，故主张天人相合。《易传·文言·乾》："夫大人者，与天地合其德，与日月合其明，与四时合其序，与鬼神合其吉凶。"这里讲的四个"合"，其实就是要求人的行为要与宇宙自然相协调，就是按客观规律和自然法则办事。

第三，要善于以道统器，"道""器"一体。

《易传·系辞上》："是故形而上者谓之道，形而下者谓之器。化而裁之谓之变，推而行之谓之通。举而错之天下之民谓之事业。""形而上者"讲的是天上的运行规律，"形而下者"讲的是地上的具体事物。天上的自然规律与地上的具体事物之间的联系和化育叫作"变"，这种"变"之道不停息地运行，事物就通畅了，将道、器、变、通的道理交给百姓称之为事业。"道"讲的规律、真理，是一种哲学思维、抽象思维、理性思维，表面看起来并无"大用"，但恰恰是这个"无用"的智慧有"大用"。在"道"与"器"的关系上，"道"对"器"有统率的作用。假如一个人停留在"器"的实践而无"道"的指引，必然有很大的局限。"形而上者"的"道"，是看不见、摸不着的，只有用心去领悟才能与道相交融。时下，我们的教育更多的是传授"器""术"和"法"，缺乏对"道"的研学。由于一个人的知识不够广博，经、史、子、集未能涉猎和精读，就必然停留在表面的层次，试想学中医的不学《易经》，学哲学的不读《道德经》，学书法的不读《书谱》，不钻研中华的经典，怎么可能成为大师，怎么能创作出传世之作呢？

第四，教育要善于化繁为简，由博至约。

《易传·系辞上》："易则易知，简则易从"，"易简而天下之理得矣；天下之理得，而成位乎其中矣"。《易经》认为天下万物都是可以认识的。乾坤用简单平易来显示它们的智慧和才能，平易就容易理解，简单就容易遵从。懂得了天下的道理，作为人也就融进天地之间了。大道至简，人们只要认识了这些规律并照其去执行，就会成就"贤人之德"，创造"贤人大业"。教育其实是要把深奥的道理讲得浅显易懂，讲得平易、简约。有的教育往往把简单的道理讲得复杂化，而使人如坠云里雾里，不知所云。这种教育使人望而生畏。最好的教育应当是简单明了，有理、有趣，生动活泼的，不要以为讲"道"，就讲得高深莫测，这是讲道要避免的误区。

（二）明大德，培养有大德之人

《大学》一开篇就指出："大学之道，在明明德，在

亲民，在止于至善。"意为大学的宗旨在于彰明自身光
明之德，在于革新民众，在于使自己达到至善的境界。
大学的宗旨，也就是教育的宗旨，这个宗旨的主要任务
是"明明德"，这就是今天所说的"立德树人"。这一思
想来自《易经》，《易经》把"德"作为与宇宙同体的根
本因素，是人之所以成为人的根本。一部《易经》讲
"道"多，讲"德"更多，特别是孔子阐述《周易》的
"十翼"，更是充满道德思想，一部《易经》可以说是一
部讲道德的书。

第一，何谓"大德"?

德，会意字。甲骨文为"𢓊"左边为"彳"，表示
行走，右边是一只眼睛，眼睛上面有一条垂直线，表示
目光直射，寓意行为要正，且目不斜视，会视正行直之
意。金文为"德"，"目"下面多了"心"，表明目正、
心正才算是德。小篆为"德"，右部的上方变成了
"直"，意思就是心正直为德。德的异体字为"悳"，《说
文解字》心部中解释："悳，外得于人，内得于己也。"
"内得于己"，即反省自我，端正心性。"外得于人"，即
在正直原则的基础上，身体力行。《说文解字》彳部：

"德，升也。"意为德与升、登都是一个意思。德的本义是行得正，心真诚，表里如一，后引申为道德、恩德、品行等。《正韵》："凡言德者，善美，正大，光明，纯懿之称也。"《尚书·皋陶谟》中指出德的内涵有九个方面："宽而栗，柔而立，愿而恭，乱而敬，扰而毅，直而温，简而廉，刚而实，强而义。"这里讲的是"中和"之德。从对汉字的解读上，可以看到"德"的含义有如下五方面：

一是"德"发于人的本性、本能，是人的一种天性。"德"从"彳"，这就是说，德是一种人性的行为，也可以说是人的本能行为。孟子说："无恻隐之心，非人也；无羞恶之心，非人也；无辞让之心，非人也；无是非之心，非人也。"动物都怜爱自己的子女，甚至不惜付出生命，何况于人。在危急事件发生的时候，救死扶伤，往往是人的本能。人的本性是向善的，只是功名利禄和得失利害给纯洁的心蒙上了灰尘。

二是使生命生生不息谓之大德。《易传·系辞下》："天地之大德曰生。"意思是说，天地的最根本的性质是生化万物。珍惜、佑护生命成长的都是一种大德。这一理念体现了以生命为道德的最高价值。《易传·系辞下》："日新之谓盛德，生生之谓易。"这里讲的是日新其德才叫"盛德"，阴阳转化、生生不息这就是《易》，其意义同样讲的是生生不息。生生不息是一种日新，不断地变革、融合、超越、创造，这就是一种"盛德"。这正如我们人体的细胞一样，不断地生长、消亡又新生，绵绵不断，循环代谢，不断更新。这种自我更新让生命充满活力，就是一种大德。

三是"德"植根于人的心田。"德"之培养需要靠内心的修为。心为内，行为外，汉字"德"中，"心"在"德"的底部，说明德是心底无私。"一"为整体，中正归一，万法归一，一心一意。"德"就是有一颗善良、正直的心。德行源于德心，孝行是感恩之心的体现，慈善是公益心的体现，关爱是善良心的体现，守秩序是公德心的体现，这一切都源于一颗善良、正直的德心。俄国作家陀思妥耶夫斯基说："恻隐之心是整个人类存在最主要的法则，可能也是唯一的法则。"恻隐之心，就是同情弱者和不幸者，理解和体谅他人的难处，是一个心理正常、人格健全的人应该具备的一种基本情感。因此，见死不救、见义不为这种冷漠的行为是不道德的。

四是"德"需落实于人的行动之上。"德"从

"彳"，意为行走，落实到实践中，德需要点滴的积累才能形成，不是一时，而是一世。德的行动，一靠自律，靠道德精神、道德观念的指导；二靠他律，即规则和制度的约束。正如行车要遵守交通规则一样，道德的行为要靠道德规范，这种制度和规范有时比教育更为重要。富兰克林之所以能成为一个伟大的人物，是因为他给自己立下了十三条道德准则，并身体力行。

　　《富兰克林自传》中提及十三条道德准则，包括：一、节制，食不过饱，饮不过量；二、缄默，不说于人于己不利的话，不作无谓交谈；三、秩序，置物有定位，做事有定时，何处放何物、何时干何事都要有条不紊；四、决断，该做的一定要做，要做的一定要做好；五、俭朴，花钱花在于人于己有利之处，决不浪费；六、勤奋，珍惜一切时间，用于有益之事，不做无益之举；七、真诚，毋行恶诈人，心存良知，为人正直，讲话实在；八、正义，不损人利己；九、中庸，不走极端，别人有损于你，要善于克制；十、清洁，身体、衣服、住宅不可有所不洁；十一、宁静，不为区区琐事，或寻常事故，或难免之事自寻烦恼；十二、贞洁，节欲，除非出于健康和延嗣考虑，切忌因纵欲过度损己或损他人名誉；十三、谦逊，学习别人之长处，尤其学习伟大人物的优点。

五是"德"的结果可以得到德报。 俗话说："种瓜得瓜，种豆得豆。"播下美德的种子，必然结出美德的果实。行德往往是利于他人，成就自己。行道践德，必有所得。

第二，《易经》对"大德"给予高度赞美。

《易经》认为，"大德"对一个人的人生具有重大的意义。《易传·系辞上》："可久则贤人之德，可大则贤人之业。"《易经》认为处世长久就成为有贤人的美德，弘扬光大就成为贤人的事业。创造大事业是一种贤德。又说："盛德大业至矣哉！"圣人盛行美德和弘扬大业就达到极致了。《周易正义》："圣人为功用之母，体同于道，万物由之而通，众事以之而理，是圣人极盛之德、广大之业至极矣哉。'于行谓之德，于事谓之业。'"这说明《易经》也讲了"盛德"与"大义"的关系，并指出了必须做到"体"与"用"的统一。

在赞美"大德"的同时，《易经》指出了"缺德"

带来的危害。《易传·系辞下》："子曰：'德薄而位尊，知小而谋大，力小而任重，鲜不及矣。'"孔子说："才德浅薄而位居高位，智慧狭小而图谋大业，能力不足而身担重任，很少不招来灾祸的。"孔子讲得太精彩了，在现实生活中确实有不少这样的情况，有些人德、智、才都与其职位不相匹配，结果不但损害了他人，也连累了自己。假如一个人没有以德为前提，却有智力、有能力，做出坏事来，其危害就更大。

第三，《易经》把"进德"作为"修业"的基础和前提。

《易经》把"大德"作为君子人格的基本内容，提出了要"厚德载物""果行育德""以懿文德""作乐崇德""振民育德""自昭明德""反身修德""贤德善俗"等，但出现最多的字眼是"进德修业"。《易传·文言·乾》："君子进德修业。忠信，所以进德也；修辞立其诚，所以居业也。"意为君子增进美德，苦修功业，忠诚信实，就可以增进美德；修饰言辞出于诚挚的感情，就可以积蓄功业。又曰："君子进德修业，欲及时也。故无咎。"意为君子增进道德，苦修功业，抓住进取的时机，所以必无咎害。《易经》在这里讲了"进德"与"修业"

的关系，"进德"是"修业"的基础和前提，"进德"有助于"修业"；"修业"是"进德"的完成和实现，"修业"可进一步完善进德。《易经》强调的"修业"，是指美德通过事业得以表现出来。道德作为人的存在方式，难以离开价值关系，这种关系往往赋予道德以实质性的内容。从实质意义上看，人类对善的追求总是包含着对利益与幸福的追求和向往，人们为之奋斗的东西往往与自身的利益相关联，如果我们离开了功业去讲道德，则道德往往会变得苍白无力。

《易经》在进德修业中，重视经世致用的功利追求，对天下百姓命运的吉凶祸福予以终极关怀，其终极旨趣着眼于推天道而明人事、观成败以追求未来，这有助于防止把进德仅仅当作老生常谈的说教，有助于避免道德的空洞说教，赋予了道德内在活力。

（三）启大智，培养具有大智之人

启大智，是教人以大智慧，不是学点小聪明。教育是培养、造就智慧灵动人才的事业。钱学森曾经追问："为什么我们的学校总是培养不出杰出人才？"钱学森得出的结论是，我们还缺少培养具有创新能力人才的机制和环境。中国为何未能培养出世界级的杰出人才呢？其实，原因是多方面的，有人才成长环境的问题，有人才选拔机制的问题，也有教育追求的目标过于实用的问题，等等。最主要的问题当是教育缺乏培养好奇心、纯粹的兴趣和非功利的探索精神，缺乏独立思考、自主学习和享受发现、创造快乐的能力，缺乏科学的思维。《易经》揭示了教育的主要任务是开发人的潜能，给予人们以大智慧。

学会科学的思维方式，这对于人的智力开发和潜能发挥是非常重要的。知识与智慧虽然仅有一步之遥，但相差十万八千里。那么，如何去获得大智慧呢？

首先，培育大智慧要学会穷、变、通、久。《易传·系辞下》："易穷则变，变则通，通则久。是以'自天佑之，吉无不利'。"意为事物发展到了极点就会发生变化，变化后就会通达，畅达就能恒久。世间万物，都有一个发生、成长、壮大到衰落的过程，这就必须适应变化而谋出路。也就是说，不能思想僵化，因循守旧；要能融会贯通，勇于进行理论的创新。

穷，就是充满着好奇心和想象力，去探索，去追寻。正如屈原所说"路漫漫其修远兮，吾将上下而求索。"《易传·系辞下》："穷神知化，德之盛也。"这就是说，穷尽事物的本质，知道其发展变化，这就是盛大的德行。屈原是一个充满探索精神的人，他在《天问》中的一百七十多个发问，充满瑰奇的构思，这首长诗成为古典诗坛上的一朵奇葩。以诗中一句为例："曰：遂古之初，谁传道之？上下未形，何由考之？"屈原发问：请问远古初始的情形，是谁传述给后代的？天地尚未形成之前，又是从哪里得以产生的？真理和科学的发展，全靠不断地穷究，才能达到目标。

在一个人的智力活动中，想象力占据十分重要的地位。俄国教育家乌申斯基说："强烈的活跃的想象是伟大智慧不可缺少的属性。"著名物理学家爱因斯坦创立相对论，就是采取所谓思想实验法，在充分发挥想象力的基础上，经过严格的逻辑思维和严密的数学推导而成的。爱因斯坦说："想象力比知识更重要，因为知识是有限的，而想象力概括着世界上的一切，推动着进步，并且是知识进化的源泉。"

在人的智力品质中，第一重要的品质是好奇心。人类所有智力活动的形式，比如哲学、科学，都是从好奇心开始的。好奇心是创造的动力，是理性思维的源泉。好奇心引领人们去追寻、去求探，让人乐此不疲，并为之付出精力、体力。

　　好奇心是非常可贵的，要加以珍惜、培养和鼓励，但在教育中往往被忽视甚至被扼杀。好奇心有三大敌人：一是求同思维，或者从众思维、缺乏独立的思考，往往人云亦云。有的艺术考试中往往用统一的标准答案去要求学生，让学生去死记硬背，这必然把学生变成了机器和工具，科学教育的答案追求的是"真"，而艺术教育的答案应当是追求想象力和创造力。二是习惯思维，或者说是惯性思维，这是按照传统的经验办事，习以为常，自以为是，缺乏追问的意识。三是有功利之心，无论对什么事物，首先就追求有没有用。庄子认为："无用方为大用。"有些基础理论研究，表面看起来并"无大用"，其实有更大的用处，是一种基础性、根本性的作用。

　　教育应当让孩子在广阔的思维天地里纵横驰骋，探究求索，培育学生的想象力，让他们独立思考，大胆想象，鼓励异想天开、别出心裁；要鼓励学生有独特的视觉，既有顺向的思维，也有逆向的思维；既有求同的思维，也有求异的思维，敢于发表自己独特的见解；要在时空上给他们"松绑"，展开想象的翅膀，充分展示其内心的感受和幻想。

变，就是灵活变通，一切从实际出发，因时而变、因事而变、因人而变。一部《易经》可以说是一部言"变"的哲学。在义理方面，《易经》探讨了宇宙形上与形下的能变、所变和不变的原理；在"象数"方面，《易经》从现象世界的万有现象中，寻求其变的规律；在"术数"方面，《易经》由现象中形而下的数理，演绎推演其变化的过程。一部《易经》，揭示的是变化之理，洞察的是变化之机，运用的是适变之法。《易传·系辞下》讲"变"的地方太多了，如"变化者，进退之象也""爻者，言乎变者也""通变之谓事""拟之而后言，议之而后动，拟议以成其变化""知变化之道者，知神之所为乎?""以言者尚其辞，以动者尚其变""通其变，遂成天下之文""一阖一辟谓之变，往来不穷谓之通"。《易经》指出了什么是变，一闭一开叫作变化，来来往往的变化无穷叫作会通。变，是从现实世界万物的现象中寻求其变化的规律，如春夏秋冬的时变带来的物变、人变；变，是由现象世界中形成的数理，演绎推演其变化的原则和结果；变，是一种灵动的思维，能够让思维拐个弯，能够转换视角，能够适应时势的变化而调整策略；变，还是一种应变的能力，在千变万化的时势面前，能够抓住瞬间即逝的机会，从而获得成功。《易经》的变化之道，要求我们掌握变化之理，体察变化之机，运用权变之法，从而洞察先机，发现真理。

通，就是善于通达、融通、会通。人的智慧之所以能奔涌出来，主要是进入了会通的状态，通天、通地、通人、通物，一通皆通。《易传·系辞上》多处讲到"通"。"圣人有以见天下之动，而观其会通。"意思是说，圣人发现天下万物运动不息，观察其中的会合变通。变，是一个过程；通，才是目的。中医认为，人的身体的某一部位出现疼痛，这是气血瘀滞所致。因此，治疗的办法是活血化瘀，让血气通畅，正所谓"通则不痛"。交通堵塞，往往也是由于某一节点的不通所致，解决的办法就是疏通。《易传·系辞上》又说："化而裁之谓之变，推而行之谓之通。"意思是说，导致万物交感生育而互为裁节叫作"变"，顺沿变化推广而通行叫作"通"。"通"不能停留在口头上，关键在于"行"，只有落实到行动和实践中才能实现"通"。只要能做到通达，自然也就能达到恒久的状态。

其次，培育大智慧要培育创新、创造的精神和能力。

大智慧是勇于突破，勇于走前人没有走过的路。为此，《易传·系辞上》中说："日新之谓盛德。"意思是说，每天都有新的变化就叫作盛德。要掌握事物发展的规律，必须"日新其德"，即思想观念与时偕行，全面认识它、了解它、把握它，必须创造新天地。"日新"指太阳每天都是新的，拥有大智慧的人是勇于创新的。《易经》中的革卦和鼎卦，讲的是革故鼎新。《易经上·革》曰："天地革而四时成。汤武革命，顺乎天而应乎人。"对于真理的追求，如果没有创新精神是不可能实现其目标的。

再次，培育大智慧要彰往而察来，微显而阐幽。 《易传·系辞下》："夫《易》，彰往而察来，而微显阐幽。"意为《易经》的功用是彰明以往的事又观察未来之事，显示微小之事又阐明幽隐的道理。"彰往"是一种历史眼光，读史可以使人知兴替，是以史为鉴；"察来"是一种前瞻性的视野和眼光，是一种向前看的行为。一个有大智慧的人是会立足于当下，不忘本来，展望未来，把昨天、今天和明天联系起来考察、思考。"微显"是从小见大，从局部看全局，是一种宏观的视野；"阐幽"是从微细处着眼，一叶知秋，未雨绸缪，防患于未然。

教育只有交给人们一把打开大智慧的钥匙，才是好
的教育，否则，是误人子弟。

《易经》讲的大智慧要求有辩证的思维。"穷、通、
变、久"的思维和意象思维，这些内容在后续的章节中
将详细论述。

（四）创大业，培养具有大格局之人

现在的一些学校提出了"学会生活、学会学习、学
会工作"的口号，其实，这是教育最基本的东西。假如
把教育停留在这样的层次，未免太低了，以此为目标培
养出来的人必然格局不大。《易经》则把教育的标尺定
得比较高，要求立大志，干大事，志向高远，胸怀远大。

**首先，《易经》要求教育必须帮助人们确立高尚远
大的理想**。《易传·系辞上》曰："夫《易》，圣人所以
崇德而广业也。"《易经》是圣人用来推崇道德和宏大事
业的。《易传·系辞上》还说要"道济天下"，这就是要
有博大的情怀，天下为公，正如宋代张载所说"为天地
立心，为生民立命，为往圣继绝学，为万世开太平"。
《易经下·困》："君子以致命遂志。"意为君子宁愿牺牲
生命也要实现自己的志向。时下的一些年轻人，往往缺
乏远大的志向，人生没有高远的追求，缺乏人生理想和

职业理想，有的甘愿"佛系"，有的干脆"躺平"，正是因为没有远大的理想和志向，学习、工作没有动力，并缺乏吃苦、奋斗的精神和刚强的毅力。中国古人以立志为成人成事之本，"志"就是要有战胜艰难困苦的信心和勇气。中华民族在几千年的发展过程中，饱受磨难，但每一次的困厄和打击都会激发出"致命遂志"的人格光辉，使中华民族屹立于世界民族之林，使中华文明生生不息。

其次，教育要引导人们树立远大的志向。《易经》认为把"道""器""变""通"的原理教给天下百姓，即可成就事业。教育是成就大事业的，不能满足于个人、家庭的愿望，而应造福于天下的百姓。《易传·系辞上》："夫《易》，开物成务，冒天下之道，如斯而已者也！是故圣人以通天下之志，以定天下之业，以断天下之疑。"孔子在这里说《易》揭开了天地万物的秘密，成为指导具体事物的准则，又包含天地万物的所有道理，不过如此罢了。圣人要有宽广的胸怀，心忧天下，胸怀世界。所以圣人用《易经》的理论会通天下的心志，确定天下的事业，决断天下的疑难。教育如果能做到这一点，培养出来的人之志向必定远大，胸怀也必定宽广。

再次，教育要使人具有远大的胸怀和宏大的格局。
《易经》强调君子要心系百姓的生命安危，为民谋利，具有强烈的"天下观"。"天下观"主要包括：一是平定天下。《易传·文言·乾》："云行雨施，天下平也。"讲的是"乾"行云带雨，带来天下太平。二是经略天下。《易经上·屯》曰："君子以经纶。"君子应当像雷雨般普施恩泽，在时局初创之际努力经略天下大事。三是利益天下。《易传·系辞上》："备物致用，立成器以为天下利，莫大乎圣人。"意为圣人的智慧之所以伟大，就在于备置实物让人使用，创造器具来便利天下。《菜根谭》中说："德随量进，量由识长。故欲厚其德，不可不弘其量；欲弘其量，不可不大其识。"《菜根谭》的作者洪应明在这里指出了德、量、才、识之间的关系，人的品德随着胸怀而提升，胸怀因见识而扩大。所以，想要提升品德，就不能不扩大胸怀，要扩大胸怀，就不能不增长见识。我们在日常工作、制订计划、讨论安排时，往往又可以看出一个人格局的大小。有的人仅从个人的利益出发想问题，有的人仅从部门的利益去考虑问题，未能从国家和民族未来的高度去思考、去判断，因而其工作质量、工作标准往往都不会很高，这就是格局不同产生的差异。

三、《易经》揭示了教育的伟大使命

在《易经》中有许多"教""化""育""习"的字眼，它们的意义是相同的。其主要思想是指出了教育的伟大使命是教化，"教"重在教育的过程，"化"既体现在过程也体现在结果上。《易经》的这一思想集中体现在观卦上。《易经上·观》曰："大观在上，顺而巽，中正以观天下。观，'盥而不荐，有孚颙若'，下观而化也。观天之神道，而四时不忒，圣人以神道设教，而天下服矣。"什么是观？孔子说，在上普遍察视，像柔顺的风吹拂大地，以中和刚正的品质观察天下，这就是"观"。那么，"观"什么呢？主要是在举行祭祀大观时，盥洗干净以示虔诚而不必在乎祭品是否丰厚，要看诚信和敬仰的程度，这样就会使下面观看的人得到教化。仰观自然运行的神奇规律，便能懂得春夏秋冬四季变化交替不出差错的原因。圣人运用自然规律来教育天下人，天下人都信服。《易经上·观》曰："风行地上，观。先王以省方观民设教。""省方"，就是视察四方；"观民"，就是观察民情、民俗；"设教"，就是设布教化。为政者应该经常视察四方，了解民情，体察民俗，看老百姓在想什么、做什么，根据不同情况采取不同的手段。

　　第一，教育要以科学和人文作为教化的主要内容去"化成天下"。《易经上·贲》曰："贲'亨'，柔来而文刚，故'亨'。分刚上而文柔，故'小利有攸往'，天文也。文明以止，人文也。观乎天文，以察时变。观乎人文，以化成天下。"意思是说，贲卦辞说"亨"，这是因为阴柔下来文饰阳刚，故说"亨"通。反过来阳刚在上又文饰阴柔，所以"前往只会有小利"。阴阳相互交错，这是天体运行的规律；相互文饰到一定程度则该止当止，这是人文。仰观天文的运行规律，是为了了解四时的变化；观察人文的变化，是为了成功地教化天下的人。这段话有三层含义：一是讲了教育的内容，一为天文，一为人文。"天文"是宇宙的运行法则，扩而大之就是自然科学的知识和规律，"人文"是社会发展的规律，这两个方面的内容是不能偏废的。二是讲了教育的使命是"化成天下"，这是以道化育。孔颖达在《周易正义》中说："德博而化者，言德能广博而变化世俗，即广施道德而使天下人受到道德教化或感化。"《易传·文言·坤》曰："含万物而化光"，意为坤能涵养万物，化育万物而影响万物。"化成天下"，是用真、善、美去教化，化习性、化秉性、化劣根性。三是讲了教育的普惠性、公益性。"化成天下"，是指教育的公平，是有教无类，人人都有享受教育的权利。

第二，教育的伟大使命首先在于化育一个人的道德品质和精神气质。孟子是人性本善的倡导者，他认为人生而具有天赋的"善端""良知""良能"，当"良知""良能"还处于萌芽状态时，就必须培育它、扩充它，使它达到充沛的、至高的、完善的地步，进而达到圣人的道德精神境界。

孟子认为圣贤和流氓、君子和小人的区别在于教育。他说："饱食暖衣，逸居而无教，则近于禽兽。"（《孟子·滕文公上》）。孟子认为教育是为了培养和发扬人的向善之心，培养具有高度道德觉悟的人。

孟子认为，教育的作用比政治的作用更具有效果。他说："善政不如善教之得民也。善政民畏也。善教民爱也，善政得民财，善教得民心。"（《孟子·滕文公上》）

《礼记·学记》："玉不琢，不成器；人不学，不知道。是故古之王者，建国君民，教学为先。"意思是说，玉不雕琢，就不会成为器物；人不学习，就不会明白道理。所以古代君王建立国家，治理人民。总以教学为首务。"腹有诗书气自华"的教育传授的知识不但带给人以技能，也使一个人的品质和气质发生变化。

第三，教育的伟大使命还在于化育一个社会的风尚。
《礼记·学记》："发虑宪，求善良，足以谀（xiǎo）闻，不足以动众；就贤体远，足以动众，未足以化民。君子如欲化民成俗，其必由学乎！"意思是说，发动思虑，寻求善良。这样做可以有小小的声誉，还不足以感动大众；亲近贤能，体恤疏远，这样做可以感动大众，还不足以化育人民。君子如果打算化育人民，形成美好的风俗，一定要由教学入手。

《礼记·学记》大学之道："化民易俗，近者说服而远者怀之，此大道之道也。"意思是说，天学之道，就是化育人民，移风易俗。附近的人民都心悦诚服，远方的人民都怀德向往，这是大学教育的宗旨和内容。

从《易经》对教育的本质、规律、宗旨及内容的论述中，反观今天教育的现状，我们可以得到如下启示：

教育的宗旨和出发点是培养一个大写的"人"。《易经》通篇讲的是如何贯通天道与人道、天性与人性，讲的是如何培养健全的人格。教育作为一种特殊的精神文化生产，培养和造就的对象是"人"，是活生生的人，不是知识容器，也不是机械产品。因此，教育的过程既是人的知识建构的过程，也是人的生命和心灵发育成长的过程，目标是实现人的全面和谐发展，是促进人的成长和幸福。雅斯贝尔斯说："所谓教育，不过是人对人主体间的灵肉交流活动（尤其是老一代对年青一代），包括知识内容的传授、生命内涵的领悟、意志行为的规范，并通过文化传递功能，将文化遗产教给年青一代，使他们自由地生成，并启迪其自由天性。"为此，教育必须遵循人的身心发展规律，遵循教育的基本规律，按照人的成长规律，适时、适法、适人地进行教育，防止日趋严重的实用主义和工具主义，防止用简单的造物的办法去培育人。教育假如不能增进学生对未知世界的好奇与兴趣，不能激发他们的求索精神，也就不能为学生带来学习的快乐；而当学生仅仅把读书当作谋生的工具时，就必然会出现"厌学"的现象，就会出现用技术取代艺术、用制造替代创造、用焦虑替代快乐的可悲现象，这是有悖于教育规律的。我们要记住，人是教育的对象，是教育的全部出发点和归旨，教育是培养健康、快乐的生命，活泼、智慧的头脑，丰富、高贵的灵魂，教育应该让每个学生不但有知识，而且有灵魂、有信仰、有意志、善交往，成为一个完整的、全面发展的人。

教育的本质是心灵教育。教育是道德情操教育、审美情趣教育和智慧创造教育，一言以蔽之，是德、智、体、美、劳全面发展的教育。然而，现行的教育体制口头上讲的是素质教育，实际上却是分数教育，把学生培养成了"考试"的机器，出现了不少"高分低能"的人。许多人都觉得不少高学历的人智商很高，情商很低；分数很高，能力很低。这不能怪学生、怪学校，其深层次的问题在于管理体制、考评机制，我们要提高学生的综合素养，但缺乏综合素养特别是核心素养的评价机制，因此所谓提高综合素养自然变成了一句空话。如果我们把教育当成制造物器的产业，把学校当作行政机关，把学生当作使用工具去培养，那么教育必然会迷失了方向，误入歧途，培养出来的人必然是有缺陷的人。因此，教育应当在科学中追求真，在道德中追求善，在艺术中追求美，在体育中追求健，在生活中追求富，应当成为追求真、善、美、健、富这五种价值的创造性活动，让学生在构建知识的同时得到人格的濡养、心灵的滋润、生命的健全、情感的丰富。

教育要把传道和授业统一起来。《易经》所讲的教育，把知道、传道、行道放在了第一位，在这个基础上去学习技能。《易传·系辞上》："形而上者谓之道，形而下者谓之器。""形而上"是无形的"道"的层次，"形而下"是万物各自的"相"，"君子不器"说的是君子不应只拘泥于手段而不思考其背后的规律，不应局限于物的表象，而应当深入无形的"道"的层面去领悟事物的本质。换句话说，君子应当是有思想的，应当有深度思考的能力，应当超越实用和功利的价值，追求大道，寻找真理。《易经》所讲的教育是智慧教育，不仅仅是知识教育，讲的是如何科学地思维。但是，当下的教育专业设置越来越细，文理距离拉得越来越开，课程的内容越来越专，这与当今科学发展要求学科交叉发展、文理融会贯通背道而驰。孔子在《论语·为政》中说："君子不器。"对于"君子不器"有几种不同的理解：有的说"器"是"器具"，是指君子的气量宽广而非狭隘；有的说"器"是指"物件"，是指君子不应该像某些物件那样，用途单一，而应是"全才"的人；有的说"器"是指工具，君子不应该成为别人使用的工具。以上理解都是从字面上去解读，都是比较肤浅的。教育要传授知识、传授技艺，但不能忽视对"道"的领悟和对智慧的开发。但当下的课程设计却缺乏讲道论法的经典，不论是教师还是学生，对中华经典的学习寥寥无几，只满足于技巧的教学和学习，这样培养出来的人只能停留在工匠的层面，而难以达到"大师"的层面，这也是值得我们反思的问题。

著名作家梁晓声在《论教育的诗性》一文中深刻地阐述了教育的本质，读之令人感动，文中说：

一向觉得，"教育"二字，乃具有诗性的词。它使人最直接联想到的词是——母校、学生时代、师恩、同窗。还有一个词是同桌——温馨得有点儿妙曼，牵扯着情谊融融的回忆。

没有学生时代的人生是严重缺失的人生，正如没有爱的人生。

"教育"二字，令我们视而目肃，读而声庄，书而神端，谈而切切复切切。

梁晓声用美妙的文学语言，揭示了教育的深刻道理，学生接受教育阶段是人生心智发育最宝贵的阶段，是充满青春记忆的时代，自然应当充满诗情画意，溢满生命之美。

教育家陶行知先生说：

你的教鞭下有瓦特，你的冷眼里有牛顿，你的讥笑中有爱迪生。你别忙着把他们赶跑。你可不要等到坐火轮、点电灯、学微积分，才认识他们是你当年的小学生。

作为从事教育的教师，要真心地爱你的学生，以"得天下英才而教育之"作为最大的快乐！

国外著名的教育家对教育也有深刻的认识，现代物理学的开创者、思想家和哲学家阿尔伯特·爱因斯坦说：

我确实相信：在我们的教育中，往往只是为着实用和实际的目的，过分强调单纯智育的态度，已经直接导致对伦理教育的损害。

法国 18 世纪的启蒙思想家、哲学家、教育家让－雅克·卢梭说：

问题不在于教他各种学问，而在于培养他爱好学问的兴趣，而且在这种兴趣充分增长起来的时候，教他以研究学问的方法。

　　英国哲学家、教育家赫伯特·斯宾塞说：

　　教育中应该尽量鼓励个人发展的过程。应该引导儿童自己进行探讨，自己去推论。给他们讲的应该尽量少些，而引导他们去发现的应该尽量多些。

　　他们对教育的这些论述，今天读来仍然是振聋发聩的，不少人对教育的认知仍然停留在知识传授的层次，把教师的职业当作谋生的手段，把对学生的培养当作物品的制造，这是非和谐教育的产物。我们的教育不但应当关注学生知识体系的构建和能力的提升，而且应当注重他们个性的发展、智慧的开发、心灵的成长、品德的养成、人格的健全、格局的拓展，这才是教育的本质！
　　总之，教育的使命和宗旨，不仅是培养人的专业技能，而且是立足于培养人的价值观、人生观和价值判断力，培养人的高贵品质和气质，养成大眼光、大境界、大胸襟、大志向；不是为了就业，而是为了成人；不是为了一己谋生，而是要为天下人谋生，谋天下太平，争人类福祉！

第二讲　修大道，明道德的德育之道

　　道德品格是一个人的立身之本。德育主要是解决一个人如何立身处世的问题。一个人假如没有把道德品格修养确立起来，不但学问做不好，而且会对个人、家庭、社会造成极大的危害。

　　《易经》在关于人的教育中，把"德"摆在首位，主张先学做人，后学做学问。《易经》主张育人要以德为先。《易经》讲道德品格的教育随处可见，出现"德"字的次数很多，"德育"在《易经》中占的分量很大。经文、彖辞、象辞、系辞、说卦中皆有对"德育"的论述。《易传·文言·乾》："君子进德修业。"把进德放在修业之前。《易经上·坤》卦的《象》辞又说："君子以厚德载物"，强调君子要效法大地，用深厚的德泽承载万事万物。孔子对人的培养与《易经》的看法是相同的，在德育与智育的次序上，主张以德育为先。孔子在《论语·学而》中说："弟子，入则孝，出则弟，谨而信，泛爱众，而亲仁。行有余力，则以学文。"孔子认为：在个人的成长过程中，修养、人品、胸怀、格局更具有根本性的意义，只有建立在正直、善良等品德的基础上，聪明能干才能成为正向的力量和能量，相反，有才无德可能其危害更大。假如一个医生不能坚持正直、善良，必然把治病当作赚钱的工具；假如一个网络高手，没有正直、善良的品质，则可能会成为网络"黑客"。今天，我们常说"立德树人"，"立德"在前，"树人"在后，"立德"是"树人"的基础，开发学生的智力是重要的，但切不可忽视道德的养成和培育。

我们可以把身心教育划分为五个层次：第一是生命层次，使人尊重生命、珍惜生命、珍爱健康的体魄，生命最基本的价值是一个人一生中所有价值的基础；第二是道德层次，即拥有待人处世的能力和善良、诚信、合作等品格；第三是智慧层次，这是帮助人们将所学的知识转化为认识世界和改造世界的能力；第四是审美层次，这是养成高雅的情趣和提高辨别美丑的能力；第五是精神层次，这是把握事物发展的本质规律，并建立自己的理念、信念、志向和丰富的情感体验及创造能力。这五个层次可以用下图来表示：

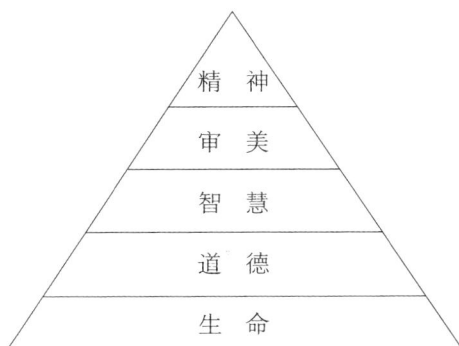

身心教育的五个层次

　　身心教育五个层次形成了教育的五个维度：生命、道德、智慧、审美和精神的教育。在教育活动的五个维度中，生命是基础，智慧与道德是两翼，而精神、审美是整个教育活动完成之时达到的最高境界。

　　在这一讲里，将介绍《易经》中关于"以德育人"的内容和途径。

一、"德"来自"道"，效法"道"

　　"道德"是两个概念，"道"在前，"德"在后。"道"是真理、规律、本质，是抽象无形的；"德"是具象可观的，是道的表现和具体化，德中藏道，德从道生，道以德现。

老子在《道德经》中讲，"故从事于道者，道者同于道；德者同于德；失者同于失。同于道者，道亦乐得之。同于德者，德亦乐得之"，"道生之，德畜之，物形之，势成之。是以万物莫不尊道而贵德。道之尊，德之贵，夫莫之命而常自然"。意思是说，由道来产生，由德来充实，由物质来赋形，由具象来完成。因此万物无不尊崇道而重视德。道受到尊崇，德受到重视，这是没有任何命令而向来自然如此的。德是道的外在表现形式，道德就是遵道循德。总之，"德"是一种高尚的情操和品行。

《易经》指出了要从天地之道和大德中去寻找人道、人德，人要"与天地合其德"。那么，什么是天道、地道和人道呢？《易传·说卦》载："昔者圣人作《易》也，将以顺性命之理。是以立天之道，曰阴与阳；立地之道，曰柔与刚；立人之道，曰仁与义。"意思是说，古代圣人作《易》，顺应天地性命的变化规律，依此创立了天道，叫阴和阳；创立了地道，叫柔和刚；创立了人道，叫仁和义。《易传·系辞下》中载："天地之道，贞观者也；日月之道，贞明者也。天下之动，贞夫一者也。""贞"是指守正，守正则被人崇敬瞻仰，即正大光明。意思是说，天地的自然规律，以它正确的运行轨迹昭示于人；日月的运行规律，是以正道焕发光明；天下万物的运行变化，都是按一个正道的规律运行的。《易经》在这里指出了天道、地道和人道分别是阴阳、刚柔、仁义，它们都是按一定的规律运行的。

天地之道决定了天地之德。什么是天地之德？《易传·系辞下》："天地之大德曰生。""生"指化生、繁衍，这句话的意思是天地最根本的特性是化生万物。凡是有利于天地万物生长和繁衍的都可以称为"大德"，相反，就是违背了天地之道的"恶行"。

天之德主要体现在《易经》中的乾卦，地之德主要体现在《易经》的坤卦。

乾卦的根本精神在于"自强不息"。《易经上·乾》《象》辞曰："天行健，君子以自强不息。"意思是说，天体的运行刚健不已，君子必须效仿天上运行的太阳，永不停歇，执着地追求、进取和奋斗。只有主动发挥人性的潜能，才能成就完美的人格。

乾，体现的是一种不屈不挠的精神和毅力，一种有所作为的人生态度，一种向上向前的正能量，体现在品质、性格上就是坚韧、顽强、刻苦、毅力和奋发。在人生的道路上，总有坎坷、波折，不可能一帆风顺，但不管遇到什么困难和挫折，只要心中有朝阳，就不会悲观、消沉，就一定能挺过去，就能勇往直前，克服种种困难。

"天德"表现在人德上是"元、亨、利、贞"。《易传·文言·乾》："元者，善之长也。亨者，嘉之会也。利者，义之和也。贞者，事之干也。君子体仁足以长人。嘉会足以合礼，利物足以和义，贞固足以干事。君子行此四德者，故曰：乾，元亨利贞。"意思是说：元始，是从善之尊长；亨通，是美好的会合；有利，是正义的中和；正固，是事物的根本。君子身体力行仁德，可以作为人们的尊长；寻找美好的会合，就符合礼仪；利益万物，就可以合乎正义；忠贞坚定的节操，就可以成就事业。君子是实行这四种美德的人，所以说"乾，元、亨、利、贞"。"元"是初始、初生之意，也是天生之意。故"元"指一开始就有善良的秉性、奋发的性格；"亨"是通达；"利"是和合、有利、顺利；"贞"是指正固。《易经》在这里强调了"仁德"，主要是有三个方面的含义：

一是"人心"，即善良与正直。《易传·系辞下》："善不积不足以成名，恶不积不足以灭身。小人以小善为无益而弗为也，以小恶为无伤而弗去也，故恶积而不可掩，罪大而不可解。"孔子说，善行不积累不足以成就美名，恶行不积累不足以忘其身，小人把小善看成无获益的事而不屑于施行，把小恶看成无伤大体的事而不愿意除去，所以恶行积累满盈而无法掩盖，罪行发展极大而难以解救。《易经》在这里要求"勿以善小而不为，勿以恶小而为之"。善良和正直是一个人最根本的德性。善良就是有同情心、慈悲心、怜悯心，不做伤天害理和害人的事。学会换位思考，将心比心，己所不欲，勿施于人。行善要不拘小事，大善是从一件件小善累积而成的。行善还要迁善改过，对于小恶也要警戒，力求不做。正直，就是坚持真理，遵循规则，光明磊落，坦荡为人，不做奸邪之事。

二是"人修"，即刚健有为，奋发向上。《易经上·乾》卦中《象》辞曰："天行健，君子以自强不息。""自强不息"的性格特征是坚毅，有毅力、有恒心，专心专注，有始有终。毅力是一个人坚强持久的意志，是成功者的品质。其实，许多人智力是非凡的，但功业却平平，其根源在于缺乏锲而不舍的毅力。有毅力的人，能够坚守、坚持自己的理想抱负，矢志不移，也能够坦然地面对工作中的困难和生活中的逆境。一个人假如能够坚持一辈子做好一件事，不怕困难，不怕挫折，有足够的耐心、恒心扎实地做下去，一定能够做出不平凡的事业来。有的人无法成就大事业，并不是因为智力不足，往往是因为缺乏坚韧不拔的毅力。智力多少常有上天的因素，毅力则要靠后天的培养。毅力与一个人的志向、性格有关，并不是每个人都具备的。毅力在人生的每个阶段也会有变化，往往会受到惰性的干扰，特别是在生活安逸的时候，意志会不知不觉地退化，这就是通常所说的"疲劳感"。所以，意志刚强，坚韧不拔，需要一生的坚持。曾子说："士不可以不弘毅，任重而道远。"（《论语·泰伯》）意思是说，一个人要有使命感，才能热情不减地从事所热爱的工作。

三是"人品"，即厚德载物。《易经》的最主要表现为三德，这就是坤卦辞所说的"直、方、大"。《易传·文言·坤》："'直'其正也，'方'其义也。君子敬以直内，义以方外。敬义立而德不孤。直方大，不习，无不利，则不疑其所行也。"意思是说，"直"就是心存正直，"方"就是行为适宜。君子恭敬不苟，促使内心正直；行为适宜，促使外形端方。"敬"和"义"确立起来以后，其美德广布而不孤立。正直、方正、宏大，即使不再学习也没有什么不利的，说明美德充沛，一切行为都无须疑虑。

直、方、大概括了大地的特性，平坦又方正，广阔又博大。为人也应向大地学习，做到直、方、大。"直"就是忠诚、正直、专一；"方"就是讲原则，守规矩，内方外圆，既不折不扣地按上级的意图办事，又能灵活巧妙地协调多方；"大"就是要有大胸怀、有大度、有大量。

由"坤德"所决定和派生出来的品德有：宽容、感恩、自信、合作、诚信、负责任等等。这些道德品格也关系学生的成长、成才和成功，关系学生的生活质量、人际交往以及未来的事业成功和家庭幸福，关系学生拓展人生道路的宽度和提升生命意义的高度，这也是道德教育的必备内容。

二、明德、立德、践德，培育德全之人

《大学》一开篇就讲"大学之道，在明明德"。古代传统士人认为人之不朽者有三：立德、立功、立言。《易传·象辞》最为集中地论述了德育，指出了六十四条道

德修养的内容，中心内容是厚德、育德、懿德、俭德、崇德、蓄德、明德、修德、顺德等等。那么，如何才能做到"明德""立德"呢？《易传·系辞下》遵循被教育者思想品德的形成规律，从知、情、意、行这一品德的形成过程系统地阐述了德育的主要内容、方法和途径，并概括为"礼""谦""恒""益""四德"：

一是"礼"。"礼"主要体现在履卦中。《易传·系辞下》中说："是故《履》，德之基也。""《履》，和而至。""《履》以和行。"首先，《履》是道德的基础，履卦象征"小心行走"，含有循礼而行的意义。人能遵循"履"道，行"礼"法，则可防范违礼之事。《易经上·履》说："君子以辩上下，定民志。"也就是指要确定等级之礼，建立人伦秩序和社会秩序。《易传·序卦》说"履"，就是有"礼"。"礼"是道德最基础的内容，故说"德之基"。其次，"履"意指小心行走，和顺不违礼，故可以顺利地达到目的。再次，"履"的核心精神是"和"，孔子在《论语·学而》中曾说："礼之用，和为贵。""和而至"，要想"至"，就得"行"，要想"行"就不能没有"礼"，这个"礼"就是用和顺之礼来指导行动。《礼记》认为"礼"来自"敬"，体现在"和"，表现为"仪"。在道德品格的教育中，礼是最基础的，不懂"礼"，不守"礼"，将不懂得待人接物之法，将缺乏人际沟通和交往的能力。在今天，在"礼"的教育下，应当使人懂得言、谈、举、止之礼，衣、食、用、行之礼，懂得礼仪的规范，遵守社会秩序和公德良俗。

礼仪是道德的体现，是行为的准则，是修养的标志，是交往的法宝，是道德教育最基础的内容。我们常用"知书达礼"的标尺去要求人，说明"礼"的教育的重要性。有的学校在这方面开展了"八礼四仪"的教育，这一做法值得借鉴。"八礼"的内容是：

仪表之礼：面容整洁、衣着得体、发型自然、仪态大方；

仪式之礼：按规行礼、心存敬畏、严肃庄重、尊重礼俗；

言谈之礼：用语文明、心平气和、耐心倾听、诚恳友善；

待人之礼：尊敬师长、友爱伙伴、宽容礼让、诚信待人；

行走之礼：遵守交规、礼让三先、扶老助弱、主动让座；

观赏之礼：遵守秩序、爱护环境、专心欣赏、礼貌喝彩；

游览之礼：善待景观、爱护文物、尊重民俗、恪守公德；

餐饮之礼：讲究卫生、爱惜粮食、节俭用餐、食相文雅。

"四仪"的内容是：

6岁：入学仪式，让刚入学的小学生感受学习的乐趣、接触校园生活、感知礼仪规范。现在许多学校在书院、学宫举办开笔礼，其仪式一般有：整装洗礼、瞻仰孔子、敬奉亲恩、点痣破蒙、名师开笔、诵经启蒙、感谢亲师、礼成合影。

10岁：成长仪式，让小学三至四年级的学生学会感恩、懂得分享，理解父母的养育之恩、师长的教诲之恩、朋友的帮助之恩。其仪式的内容有：回顾成长的足迹、记录成长的过程、表达成长的祝福以及感恩同伴、老师、父母等。

14 岁：青春仪式，让中学生学会交往沟通、控制情绪、包容他人，迈好青春第一步。

18 岁：成人仪式，让年满 18 周岁的学生懂得成人之责，做守法公民，担起社会责任，不断完善自我，立志成才报国。

礼仪教育，应当从小做起，从家庭做起，从举手投足中做起，应当有具体的行为礼节，让孩子从小就养成习惯。时下的一些年轻人，在待人接物上往往不知礼、不守礼、不行礼，或者不会称呼别人，或者不守时间，或者不会言谢，或者言行表达失当等，这些都是礼仪教育缺失造成的，应当好好地补上这一课。

二是"谦"。《易传·系辞下》中与谦卦相关的卦辞说："《谦》，德之柄也。""《谦》，尊 而 光。""《谦》 以制礼。" 在六十四卦中，只有谦卦六爻皆吉。"德之柄"，是指谦德是修养的关键，柄是器物可以把握的关键部位，人能行谦，犹如把握道德有了"权柄"，也即有了抓手。《周易正义》："若行德不用谦，则德不施用，是谦为德之柄，犹斧刃以柯柄为用也。"

"《谦》，尊而光"，是指位尊者履行谦道就能受到别人的尊敬并获得荣耀。谦虚的人低调、内敛，并不会降低自己的身价，相反，会得到别人的尊重和敬仰。

"《谦》以制礼"，是指《谦》是规范礼的行为的，谦虚的人待人总是彬彬有礼。

谦卦的卦辞："谦。亨，君子有终。"意为谦逊、通达的君子有好的结果。《易传·象辞上》："地中有山，谦。君子以哀多益寡，称物平施。"意思是说，地里面有山存在，这就是谦卦。君子要减损多的，增益少的，衡量事物要公平给予施舍。

《易传·序卦》："有大者不可以盈，故受之以《谦》。"上卦为大有卦，人们生活富裕了以后，容易滋长一种"炫富"的现象，极尽奢侈，其结果导向堕落。为此，大有之后是谦卦。《易经》把谦卦作为吉卦："谦谦君子，用涉大川，吉。"假如待人、待事、待物能做到谦虚，必然诸事顺利。谦逊对做人处世都很重要，关系到和谐的人际关系，关系到个人学业、事业的进步。特别对于身居高位、有一定学问、有财富的人来说，更为重要。因为这些人有了骄傲的资本，巴结逢迎的人多了，听到赞扬夸奖的话多了，自然会飘飘然，甚至忘乎所以。孔子在《易传·文言·乾》中告诫人们要"居上位而不骄，居下位而不忧"。意思是说，身居高位而不傲慢，身居下位而不忧患。在现实生活中，我们常常可以看到一些骄横跋扈的人，往往是武断的、霸道的，缺乏民主作风的。这样的人，位越高，对社会的危害也就更大。

　　谦，符合天、地、神、人之道。《易传·象辞上》曰："谦，亨。天道下济而光明，地道卑而上行。天道亏盈而益谦，地道变盈而流谦，鬼神害盈而福谦，人道恶盈而好谦。"在这里《易经》讲述了天地、神人之道。谦的卦象是"地山谦"，赞美山的品性，虽高而能低，但卑下之中彰显其崇高。尊卑相对，自然世界是天尊地卑，推而及之，人类社会君尊臣卑、父尊子卑、长尊幼卑，此处所言的"卑"并不是说卑鄙、卑微，而是指一种谦卑、谦让、尊敬的态度，是与"尊"相辅相成的。古代哲学讲求阴阳相融，处在下位卑微的就是阴，处在尊位高位的就是阳。阳生阴长，阳杀阴藏，故天地有常，日月以明，星辰以列，禽兽有群，树木有立。君子懂得遵循这些规律行事，不违背事物的本性，才能不拘于外物。故谦之卦辞说："谦。亨，君子有终。"《易传·系辞上》："知崇礼卑，崇效天，卑法地。"意思是说，人的智慧要像天那样崇高，人的礼仪要像地那样谦卑；崇高是效法天，谦卑是效法地。谦卑是一种姿态、规矩和秩序，是天地之道的要求。

谦，从表面上看是对人礼敬、彬彬有礼，是内敛，实际上是一种境界和胸怀。《易传·系辞上》："劳谦，君子有终，吉。"子曰："劳而不伐，有功而不德，厚之至也。语以其功下人者也，德言盛，礼言恭；谦也者，致恭以存其位者也。"意思是说，有功劳而又谦虚，君子能保持始终，最终会得到吉祥。孔子说：辛劳而不自夸，有功劳而不自得，这种敦厚的美德多么崇高啊！其功劳让天下人去评说，其道德天下人说是盛大，其礼节天下人说是恭谦。谦虚的要义，就是致力于恭谦来保存他的地位。孔子在这里指出谦虚是任劳任怨，是有功不居，是自我保全。有学问、有地位、有能力的人往往也是谦谦君子。有学问的人，学问大了，往往知道自己的不足；有地位的人，往往知道自己所处的位置；有能力的人，往往知道山外有山，天外有天，人外有人。

俗话说："满招损，谦受益。"谦，在待人上是谦和，是温良恭俭让；谦，在学业上是谦虚好学、不耻下问、广积学识；谦，在对待功业上，是有功不居，工作做在前，功成退在后，虽然有功，但不以为有功。一个真正谦虚的人，不但不提功，而且不以为有功，把自己所做的事当作本分，当作责任，当作义务和使命，因此不值得炫耀、居功。从这个意义上看，谦是一种无私、无我的精神境界。

三是"恒"。恒卦的相关内容说："《恒》，德之固也。""恒"，象征"恒久"，含有"恒久守正"之义。人以恒心守持正道，才能使德行更加巩固。这是刚毅不拔、持之以恒的品格。

《易传·象辞下》曰："雷风，恒；君子以立不易方。"君子由此领悟，要立身修德而不改变自己的志向。从自然界看，风雷激荡之际，雷借风势，风助雷威，使宇宙常新。从社会上看，震为阳，巽为阴，阳上阴下，秩序井然，象征着永恒不变的文明法则。君子应该坚守恒道、树恒心、立恒业、置恒产，不要心浮气躁，不要随意改变自己的志向，而应遵道守恒。

《易传·系辞下》："《恒》，杂而不厌。"杂，指善恶混杂。恒卦能使人在善恶混杂的情况下，始终坚持正道而不厌倦。"恒"是一种坚韧不拔的精神，是一种顽强的意志，是一种长久坚持的毅力，在对事业的追求上，许多人不缺天赋和环境，往往缺的是恒久的坚持。有顽强意志的人，在善恶混杂的环境下，不但能做到不同流合污，而且还能独善其身，始终行走在正道上。

《易传·系辞下》"《恒》以一德。""一"指专注、专一。《恒》之用，在于守正不移，坚定、专一。《周易正义》："恒能终始不移，是纯一其德也。"

恒，是始终如一的坚持，是数十年如一日不断地累积，是厚积薄发，不是"三天打鱼，两天晒网"，要保持习以为常的状态，用"十年磨一剑"的恒心去获得最终的成功！

四是"益"。 益卦的相关内容说："《益》，德之裕也。"裕，意为扩充。《易传·象辞下》曰："君子以见善则迁，有过则改。"益，指只有增益善行，扩充自己的美德，人能施益于外，则其德宽大。

这"四德"涉及道德养成的三个方面：一是道德情感，如善良与正直之心；二是道德意志，如"恒"，用坚强的意志守正持久；三是道德行为，如"履"，循礼而行，遵守社会秩序；如"谦"，有功不居，不盈不骄；如"益"，改过迁善；最后落实在道德行为上，这一道德教育的方法在今天仍有借鉴意义。

《易经》除了以上"四德"以外，还阐述了仁、爱、义、忠、信、孝等伦理规范。

一是强调了"仁爱"。《易传·说卦》："立人之道，曰仁与义。"意为创立了做人的道理，叫仁与义。《易经》处处强调仁爱人民，如"损下益上""节以制度，不伤财，不害民"。《易传·文言·乾》："君子体仁足以长人。"意思是说，君子实行仁爱之心就完全可以受人尊敬。《礼记·礼运》中说："仁者，义之本也，顺之体用，得之则尊。"

朱熹在《周易本义》中解释说："以仁为体，则无一物不在所爱之中，故足以长人。"《易经》处处强调"大人"要以仁爱之心体恤人民疾苦，才能治理国家，受到人民的爱戴。《易经》讲仁往往是与"爱"联系在一起的。《易传·系辞上》："安土敦乎仁，故能爱。"意思是说，能适应环境又有敦厚之德，就能用仁爱之心去爱人。《易经》在这里强调的是"爱的教育"，这样的爱是从爱亲人开始的，进而爱他人、爱家乡、爱祖国，再到爱天下、爱万物。仁爱之心是一种悲天悯人，也是一种博大的情怀，这是道德教育最基本的东西。现在有些人行为冷漠、冷血，这是爱的教育缺失所致。其实，爱的能力同样也是需要培养的。有些地方举办过一天"盲人的生活"的活动，让人体会在黑暗中生活的情境，唤起人们对残疾人的同情和关怀，这一做法给人留下了深刻印象，其印记是终生难忘的。

二是强调了"和义"。《易传·文言·乾》："利物足以和义。"意思是说，使施利于万物得利，才能达到和谐的状态。"义"就是合宜，就是公正无私、伸张正义、见利思义、仗义疏财、舍生取义。

三是强调了"诚信"。《易传·文言·乾》："忠信，所以进德也；修辞立其诚，所以居业也。"意思是说，君子增进德行，苦修功业。忠诚并守信，就可以增进美德；修饰言辞可以表达自己诚实之心，所以能守住基业。忠诚，是取得他人信任的前提，是修业的基础，不但言辞要诚实，行为也要诚信。

四是强调了"孝道"。《易经下·萃》《彖》曰："王假有庙，致孝享也。"君王到家庙祭祀，是孝的行为。子女不仅要孝顺父母，推而上对祖先也要孝敬。在古代的家族宗法社会里，孝不仅能维护家庭和睦，而且也能促进社会和谐与安定。

五是强调了"节俭"。《易经下·节》《彖》曰："节，亨，刚柔分而刚得中。""苦节不可，贞，其道穷也。"意思是说，节制可至亨通。致富要开源节流，但过分的节制是不可取的，应当持正、适中。《易经下·节》《彖》又曰："说以行险，当位以节，中正以通。天地节而四时成。节以制度，不伤财，不害民。"意思是说，要以喜悦的心情去克服困难，在恰当的位置上推行节俭的制度，居中守正必能使节制之道畅通。天地有节制地运行而形成四季。节制也要适度，不浪费财物，不残害百姓。这里指出了节俭的原则。俗话说"成由勤俭破由奢"，节俭的关键在于不浪费财物。

三、据道循理，让大德入心、入脑

《易经》不但讲了德育要"志于道"，系统地提出了德育的内涵，也揭示了德育的方法和途径。这些方法和途径今天仍然有积极的现实意义。以下作一些介绍。

一是"以文化人"。《易经上·贲》："观乎人文，以化成天下。"这里指出了德育的最高境界在于一个"化"字，即教化、融化。德育主要是人文教育，人文教育包括价值取向、精神坐标、道德情操、艺术素养等，而具体的"文化样式"即诗、书、画、乐等。这是以艺培德，是在情趣中植入了德育的内涵。同时，这个教育的方法是"化"，是默化、细化。《易经》巽卦的象辞中说"随风"，风行起来无所不入。唐代诗人杜甫在享受春夜的微风时，写下了这样的诗句："好雨知时节，当春乃发生。随风潜入夜，润物细无声。"春天的风是轻柔而温暖的，好风夹带着小雨下在夜里。虽然春风的质量很轻，力量很弱小，甚至是细而无声的，但是它能够滋润万物。风虽细微，但其力量却是强大的。

在德育的方法上，有一种是"暴风骤雨"式的，它虽然可以立竿见影，但同时也会带来伤害；另一种是"和风细雨"式的，它虽然慢了一点，但其负面的效果要小得多，且会带来长期的功效。

道德教育建立在人性、人道、人情的基础之上。人是动物性和社会性的复合体，是善恶共存的结合体，既有人性的优点，也有人性的弱点，这就要"化"掉其不良秉性和劣根性，使之符合人道、人情的要求。陈立夫在《人理学》中对此有一段论述，讲得很好，摘录如下：

人与禽兽都赋有生存的本能的天性，所以兽性与人性，初时相差的程度，原本不多。

人之所以战胜禽兽，不但知道用力，而且知道用工具，能合群与爱群，有理性，有创造性。

只有合群与爱群才有"仁"。仁是道德的本体，这就是人性的开始，加以有理性的智，人才能控制本能，不受本能所支配。

人类的造化，就是减少兽性，增多人性，由觉力进而觉智；由爱小我的自私，进而为爱大我的为公；由享用及夺取已成之物，进而创造更多之物，供人享用；由现实的世界，进而至理想的世界。

道德教育要以是否有利于人类本性的自由完美的发展为依归。张扬真、善、美，摒弃假、丑、恶，其中最主要的办法是"化"。用"文"去化，化掉不良的秉性、习性、兽性，以真正实现人性的复归、人道的弘扬和情操的提升。

二是"果行育德"。《易经上·蒙》："山下出泉，蒙，君子以果行育德。"意思是说，山上流下的泉水，涓涓细流，汇成江河，锲而不舍，君子应该效仿之，果断行事，培育美德。蒙卦是指在童蒙阶段及时进行德育；

果行，是果断地进行，不能犹豫和错过。"果行育德"强调了几个方面的意义：一是童蒙时期是德育的最佳时期。童蒙阶段是一个人世界观、人生观、价值观的形成时期，可塑性大；童蒙时期是身体和智力快速发展的时期，此时接受能力、模仿能力强，是最佳的成长时期；童蒙时期也是性格和习惯养成的时期，许多成年人的习惯大多源自童年，大多带有童年的印记。为此，不能等待，不能让他长大后再说，家长、老师对此都要有共识：良好的品德要从小培养，从小事做起，从习惯养成开始。这是根本的教育、源头的教育，也是最合算的教育。

三是"遏恶扬善"。《易经上·大有》《象》曰："君子以遏恶扬善，顺天休命。"遏，阻止；休，美也；遏恶，是指批评、制止不好的行为和习惯；扬善，是指褒扬、倡导美善的行为和习惯。意思是说，遏制邪恶，发扬善事，顺从美善的天命。批评和褒扬是德育的一体两面。儒家主张"不以善小而不为，不以恶小而为之"。"遏恶扬善"这是运用好"胡萝卜"与"大棒"，交替使用这两种手段。仅有批评，会使人丧失自信心；仅有表扬，则会助长骄傲的情绪。适当的语重心长的批评是好的，而适当的夸赞也很必要。作为长辈、老师，必须鼓励学生的每一个细小的善举，要鼓励他们"日行一善"，树立止恶扬善的志向，从而达到培养向上、逐日进步的目标。

四是"立不易方"。《易经下·恒》《象》曰："君子以立不易方。"这是说要确立恒久不变的规则。"没有方圆，不成规矩。"德育不是空洞的说教，不能只停留在说说而已，也不能仅仅靠自律。特别是对于自制能力较弱的人来说，"立不易方尤为重要"。"立不易方"，一是建立与德育相适应的制度、规范，特别是可操作性的规范，使行为有所依归；二是注重习惯的养成，有人说，一个好习惯的养成需要 21 天的时期，其实 21 天往往是不够的，好的习惯靠毅力，有的是用一辈子的时间去践行的；三是道德规范必须恒久不变，不能朝令夕改，使人无所适从。

五是"恐惧修省"。《易经下·益》《象》曰："君子以见善则迁，有过则改。"《易经下·蹇》："君子以反身修德。"《易经下·震》："君子以恐惧修省。"这三个卦讲的都是道德修养的方法。这就是用自省、反省的方法不断地改正自己的缺点、修身品德。孔子主张"日三省吾身"，强调为人要有自知之明，要改过迁善。今天，我们运用批判与自我批判的方法给自己"洗洗澡""出出汗"就是这一方法的运用。当然，这种方法关键在于自己的反省能力、改过的决心和实际的行动。

六是"乐天知命"。《易传·系辞上》："乐天知命，故不忧。"意思是说，既乐于按天理去做，又能够掌握自己的命运，就没有什么可以忧愁的了。"乐天知命"是培养一种乐观向上的心态、健康的心理和较高的"情商"。培养乐观、向上、平和的心态和情绪，其实也是道德教育中的一项重要内容。时下的学生在不同程度上存在着抑郁、焦虑的情绪，有的甚至存在悲观、消极的心理，抗击挫折的能力较差。这就需要在"德育"中把良好的性格和心态作为重要的内容，可以尝试从以下三个方面着手去陶冶学生的情操：

首先，态度的主动性。这就是要引导学生，培养对学习、工作、生活的热情，做到具有主动的态度、坚强的毅力和集中的注意力。

其次，情绪的兴奋性。这就是让学生对外界的事物始终保持着新鲜感，乐于接受新鲜事物，敢于尝试和实践。

最后，情感的敏感性。这就是要使学生对外界的事物有快速的反应能力，充满活力，不迟钝木讷，不消极被动。

"情商"是一个人的情绪、性格和气质，在一定程度上决定了一个人的人际关系和心理素质，与"智商"的培养是同等重要的。然而，这方面还未引起教育的高度重视，这不能不说是一个遗憾。

时下，我们对道德的教育从上至下可以说是很重视的，学校专门开设了品德教育课程。但从效果看，仍然有值得改进和创新的地方。

从人性的角度看，道德有两个层次：一是人的社会性层次，即遵守公德良俗，维护社会的秩序；二是人的精神层次，即道德精神，包括遵守做人的基本要求以及坚守做人的尊严和原则。这两个方面把他律和自律结合了起来，把道德良心和道德规范结合了起来。

总之，当下的道德教育要注重解决好如下几个问题：

第一，要把道德教育融入学科知识的传授之中，避

免"道德说教"。道德的发展与知识体系的构建应当融为一体，善与真、善与美是相互联系、相互促进的，要善于在科学中构建德育的内容，让受教育者在不知不觉中受到启发和熏陶。这就要善于把知识的构建与人的道德情操的培养融为一体，并进行道德行为的训练，这才是一种成功的道德教育。

第二，要划分基本的道德准则和倡导性的道德准则。对社会上不同层次的人，其道德要求有高低之分。作为公民，必须遵守基本的道德规范；作为党员和领导干部，其要求会更高一些。同时，不能把倡导性的道德，如把大公无私、乐于奉献等作为普遍的要求，防止道德的"泛化"。试想假如有的人连基本的生存问题都不能解决，要求他去无私奉献，这样的条件下他能做得到吗？显然是很难的。

第三，要区分私德与公德的范畴。个人品德和家庭品德，属于私人领域，更多是要靠自律，靠自我修养的提升。社会公德和职业道德，更多是要运用他律，要用规则施以约束。这两者不能混淆起来。

第四，要运用制度和规范培养道德行为。道德行为

的形成除了要靠教育，还要靠制度和规范的保障。这正
如交通规则一样，红停绿行，交通才能有序地运行。目
前我们仍然缺乏用规范去促进道德习惯养成的机制。例
如，为了提高登机效率，登飞机时可以让后排座位的乘
客先上，以免造成阻塞和拥挤。可见，制度设计和改进
之重要。

第三讲　科学思维，提高悟性的智育之道

知识和智慧是两个不同层次的东西。智慧虽然以知识的积累为基础，但相比知识的获得途径和功能又有很大的不同。知识的来源主要是前人的经验和书本，靠记忆、归纳等方式获得，运用的是逻辑思维；智慧则必须对前人的知识加以加工、改造、创造，形成具有独创性、系创性的理论与方法。

那么，什么是智慧呢？智慧是人基于神经器官的一种高级综合能力，是在感知、知识、记忆、理解、联想、情感、逻辑、辨别、分析、判断等多种思维行为的基础上，产生出来的思想、理论和学派。智慧可以让人深刻地理解人、事、物、社会、宇宙、现状、过去、将来，拥有思考、分析、探求真理的能力。

《易经》是一部开启智慧的大书，以宇宙这一宏大的时空作为思维领域，以唯物的立场作为思维的基点，以心、性、意作为思维功能，构建了一个逻辑思维、形象思维、辩证思维的思维体系，为我们提供了一个观察世界、分析问题、解决问题的认识论、方法论，它用寻根究底的深邃视角去观察，用变通的思维去和合，用发展变化的眼光去适应，从而使思维变得更为灵动、更为活泼、更为深入，使人处事更为练达，使人生更为丰富。

教育是知识的灌输、记忆的训练，也是对一个人的"智力"的提升，这包括思维能力、实践能力、创造能力的发挥和发掘，以及实现头脑价值的充分发挥。假如把智育仅仅理解为单纯的知识传授，那么，培育出来的人可能只不过是一个记忆的机器，把宝贵的头脑当成一个工具。在教育上，假如我们放弃了方法论，放弃了科学思维，放弃了育人，只注重"器"与"术"，培养出来的人最多只是"工匠"的层次，而不可能是"大师"级的人才。智育的目标应该是鼓励和培养学生形成对智力运动的兴趣和爱好，享受智力生活的快乐，获得思维的拓展和智力的健康发展。

著名哲学家费尔巴哈说，人性"就是理性、意志、心，一个完善的人，必定具备思维力、意志力和心力。思维力是认识之光，意志力是品性之能量，心力是爱。理性、爱、意志力，这就是完善性，这就是最高的力，这就是作为人的人的绝对本质，就是人生存的目的"①。费尔巴哈把思维力当作认识之光，这是一个深刻的见解。思维力，对于我们做学问和科学研究，确实起着举足轻

---

① 路德维希·费尔巴哈著，荣震华、王太庆、刘磊译：《费尔巴哈哲学著作选集：下卷》，北京：商务印书馆1984年版，第28页。

重的作用。

我们的教育必须坚持"独立之精神、自由之思想"的方针，贯通学、思、悟、践，以"学"为基础，以"思、悟"为关键，以"践"为目标。"学"，是一种博览群书的行为，通晓自然、科学和人文，具有经、史、子、集的国学功底；"思"，是一种独立、自主的思考，是一种批判和质疑的精神，是一种穷根究底的求索态度；"悟"是用心去感悟，是一种联想思维、会通思维、意象思维，这是当下教育最大的缺失，不少人缺乏"悟性"，跳不出思维定式，从不会"异想天开"，这是丧失了想象力、创造力的结果。"践"，则是落实在行动上，是一种能力的全面提升，这是教育最终的目标。教育的宗旨是提高人的综合素质和能力，即生活能力、注意力、判断力、意志力、思维能力、创造能力。《易经》这部经典之所以博大精深、经久弥新，这是因为它给我们提供了一个科学的思维方式，这个思维方式概括起来主要有如下三种：太极的辩证思维、"穷、通、变、久"的哲学思维、"立象尽意"的意象思维。我们须从《易经》的科学思维中去开启智慧的大门。

一、用"太极"的辩证思维去开启大智慧

太极由阴阳鱼组成。太极一分为二为阴阳，阴阳二合为一，这就是太极，阴阳两分为四象，四象又派生出八卦，八卦又派生出六十四卦，六十四卦合一成为太极。

太极图

太极图表面看起来很简单，其实包含着丰富的辩证思维，充满着大智慧：

第一，唯物立场。西方传统文化认为宇宙是上帝创造的，他们的立场是神的立场，把人交给上帝教导和安

排。《易经》却不这样认为，它认为世界是物质的。

《易传·系辞上》中说："易有太极，是生两仪，两仪生四象，四象生八卦。"《易经》认为宇宙万物是由阴阳两种物质派生出来的。"易"是什么？孔颖达说："太极谓天地未分之前，元气混而为一，即是太初、太一也。"也就是古代传说中盘古未开天以前的天地，到最后生"八卦"。八卦，并不是什么神仙创造出来的东西，而是物质的，乾为天、坤为地、震为雷、巽为风、坎为水、离为火、艮为山、兑为泽，这些都是物质，这种"宇宙衍生论"，反映了《易经》朴素的唯物观念。

《易传·系辞下》中还说："天地絪缊，万物化醇；男女构精，万物化生。"絪缊即"氤氲"。意思是说，天地阴阳两气渗透交感，世上万物化育醇厚；男女阴阳交合精气，万物化育而孕生。还指出："《易》与天地准，故能弥纶天地之道。仰以观于天文，俯以察于地理，是故知幽明之故。"意思是说，《易经》讲述的大道理之所以准而能弥纶天地之道，主要是因为它"仰以观于天文，俯以察于地理"，是来自对客观现实的观察后得出的道理。《易传·序卦》："有天地，然后万物生焉。盈天地之间者唯万物。"宇宙中先有天地，然后生出万物。

这些都反映了其唯物的基本立场，物质是第一性的，意识是第二性的，物质决定了意识。宇宙有其运行的规律，人类必须去认识它、适应它。

道家的老子沿袭了《易经》的思维基点，说："道生一，一生二，二生三，三生万物。""人法地，地法天，天法道，道法自然"，也都是站在唯物立场上进行的哲学思考。

儒家的孔子也说，"子不语怪、力、乱、神""敬鬼神而远之"。

由此可见，唯物立场就一直是我国古代社会的主流思想。中国虽然自古有"祖先崇拜""万物有灵"等民间信仰，但神的思想永远没有成为主流思想，这也是宗教在中国影响远不及西方深的主要原因。与经历漫长的中世纪西方文明不一样，宗教在中国人的精神世界和社会生活中从来没有真正起主导作用，中国也没有发展出基督教和伊斯兰教国家那样全民性的宗教信仰，即使佛教传入中国之后也进行了改良，更多的是与儒家道家思想合流。理性唯物一直是社会的主流思想，这跟我们先人一开始就主张唯物的先进哲学思想是分不开的。中国的文化把人的命运交给自己，肯定人的主动性，主张积极进取、自强不息，创造"好的活法"。追求幸福的人生，是一种积极向上、乐观向上的科学的文化思想。在这一宇宙观的指导下，我们坚持实事求是的思想路线，坚持追求真理，坚持遵循客观规律，这就为辩证思维的方法论奠定了基础。

第二，整体思维。太极是一个和谐的整体。"阴阳是一体的两面"，世界是由阴、阳这两种基本的元素和力量组成的，太极是一个整体，虽然太极有分合的过程，但都处于一个大圆之中。黑白鱼的游动，始终不会游离太极圈。太极中包含着阴阳实体：

太极阴阳图

这一个太极图表现了如下意义：

《易经》自身构建了一个完整的体系。《易经》从太极到两仪到四仪、从四象到八卦到万物，是为一个整体。《易经》正是按照"一生二"的法则构建起宇宙的生成模式。从《易经》的爻象和卦象看，卦象由爻象组成，八卦由"阴"（－－）和"阳"（—）两爻象三重构成，组成一个体系；六十四卦又由八卦加以重叠推演而成，自成一个体系。《易经》卦象自身的逻辑结构是一个圆满的整体，是一个不可随意增减的符号系统。《易经》还把宇宙、自然、人类社会看成一个统一的整体，特别是把天、地、人纳入一个整体系统，既强调人要与天地和谐相处，又强调要发挥人的主动性。《易传·系辞上》提及"变而通之以尽利，鼓之舞之以尽神"，人类应该运用意志和力量，运用刚柔相推的办法，使万物的发展向有利于人类的方向发展和变化。

《易经》在整体思维的基础上构建起"天人合一"的生存智慧，构建了人与自然和谐相处的共同体意识，派生了"我与万物为一体"的意识，要求人类要敬畏自然、尊重自然、顺应自然、利用自然并与自然和谐相处。这一整体思维，是科学研究中的系统论的思维基础。这一整体思维为我们构建一个理论体系提出了系统的要求，一个理论学派往往都有一个完整的结构、体系，如佛学是按"四谛"即"苦、集、灭、道"构建的；儒学是按"修身、齐家、平天下"构建的；在小的艺术样式中，一首诗、一首歌同样有起、承、转、合的结构。这一整体思维要求我们有全局观念，突破小团体的视角，从谋全局中谋一域，从整体格局中寻找自己应有的位置。

当代科学的一个主要特点，是系统科学的兴起和发展。系统科学强调从整体的、动态的、有机联系的角度来研究某个事物的发展变化，强调研究事物的局部结构和整体关系。这是《易经》天、地、人"三才之道"的整体思维在实践中的运用。

知识点好比元素，知识框架好比结构，只有运用知识框架将大量的知识点连成一个有机联系的系统，我们才能快速有规律地储存知识、提取知识、运用知识。

第三，道器思维。《易经》认为"道器一体"。"一阴一阳之谓道。"道是"体"，"器"为用，"道"与"器"是统一的，"道"与"器"都源于太极。由太极产生出来的形态、运动和变化，都是"道"的外化和表现。这一思维要求透过现象看本质，从"法器""技术"中寻找其中之"大道"。可惜的是，眼下的教育，更多的是着眼于"术"的传授，而缺乏对"道"的追问。这是"见术不见道"，或者把道术分割开来。"太极思维"要求我们贯通"道""器""术""法"，从它们之间的有机联系中找到运动的规律。

第四，阴阳思维。"阴阳思维"在太极视野之下，认为宇宙万物的生成、组合都离不开两个基本要素——阴与阳。太极由黑白两鱼组成，象征着"一阴一阳之谓道"的概念，体现了阴阳两极的相互依存、相互作用，并且共同存在一个整体中，处于相互对立、联系、制约、流转的状态。

一方面，黑白两鱼具有独立性，形成两种力量的平衡，构成一对特殊的矛盾。《易经》中的错卦、综卦都代表了相对性、独立性，如天地、日月、刚柔、进退、分合、攻守、巧拙、和争、乾坤、泰否、损益。有事物就必然有对立的现象，无对立就无阴阳，有阴就必然有阳，有阳就必然有阴，彼此以对方的存在作为自身的条件。这就要求我们尊重个体存在的合理性，尊重世界的多样化，求同存异、和而不同。

另一方面，要看到它们有统一的方面，即相互联系、相互依存、相互补充、相辅相成。天以四季变化而生长万物，地以水土涵养成就万物，独天不生，独地不成，天地相互配合才能使万物萌生、成长、成熟乃至繁衍发展，这样就形成了阴阳合德、刚柔相济、变化无穷的宇宙世界。

朱熹《周易本义》所云"故易者，阴阳之道也"，指的就是这一阴阳宇宙观。阴阳两者之间既矛盾又统一，既相反又相成，既对立又互补，任何一方都不能脱离对方而单独存在。所谓孤阴不生、独阳不长，阴阳两个方面的相互联系、相互作用和不断运动是事物产生、变化、发展和消亡的根源。自然界的事物就是处在"阳消阴长，阴消阳长""阳极反阴，阴极反阳"的运动变化发展之中的。阴阳的消长盈虚（量变）说明了事物运动变化中的动态平衡，阴阳的相互转化（质变）说明了事物运动发展变化中质的飞跃。

由上可见，一分为二、合二为一的阴阳对立统一、相反相成，消长盈虚和相互转化的辩证阴阳观是《易经》的辩证思维的理论基础。

第五，中道思维。太极中最美的境界是"中道"。阴阳两者的比例和力量处于均衡的状态，是最美的形态。这种阴阳平衡是一种和谐的现象，是在阴阳不平衡中、是在寻求变动的发展过程中走向动态的平衡。这一种平衡体现了"中道"的原则，达到不偏不倚，恰到好处。

"中道"是一种天地之道和自然之道，人类以此为准则，在为人处世中，力求在进取中保持谨慎，在乐观中保持忧患，在有为中保持无为，在进时有退的安排。

第六，变易思维。太极是用运动、变化的观点考察事物的运动变化。太极中的"S"线，是一条运动的曲线，太极黑白两鱼有朝顺时针方向运动之象，代表了阴阳两力或刚柔两力相互推动、运动的状态。正如老子所说："万物负阴而抱阳。"这种运动状态表现为事物的发展不是"直线型"的运动，而是"波动性"的、曲线的运动。黑白两鱼相互环抱的形态指出了阴阳消长，体现了对立双方在时空中的转换和运动。太极中的大圆圈，体现了循环往复的运动和大圆之美，是一种圆融境界，描述了包含冲突因素的宇宙、人生的存在和终极和谐的美好图景。

变易思维，以动态的观点去考察一切事物的运动变化和发展过程，是辩证法的世界观和方法论。"易长于变"，《易经》有三义，其中"变易"是"易"之本义。《易传·系辞下》："《易》之为书也不可远，为道也屡迁。变动不居，周流六虚，上下无常，刚柔相易，不可为典要，唯变所适。"《易经》的变易观认为，物质世界一切事物总是处在"日新"和"生生"的不断发展、运动、变化之中，都经过消长盈虚之过程。世界上无永恒不变的事物，"不变"中有变，变中有不变。从双鱼太极图中，不但可以清楚地看到质量互变和否定之否定的全过程，还可以看到春、夏、秋、冬四季以及东、南、西、北四象的时空变化。

二、用"穷、通、变、久"的哲学思维去开启大智慧

《易传·系辞下》："易穷则变，变则通，通则久。是以'自天佑之，吉无不利'。"意思是说，《易经》的道理是穷极就会出现变化，变化就能畅通，畅通就可以长久，所以能像《易经上·大有》卦上九所说的"自天佑之。吉，无不利"。穷、通、变、久，不但揭示了思维的过程，而且揭示了智慧的发生机制，是追求真理的态度和学术品格。

（一）穷："穷理尽性"

穷，是指穷极、探究、追问，《易经》自始至终都充满穷极的精神，充满对"道"的追寻、对宇宙本质的探究、对生命关怀的追问。这是培育一个人大智慧的动力源和能量场。《易经》强调了"穷"的核心精神是

"穷理尽性"。《易传·说卦》："穷理尽性以至于命。"意为尽究万物的本质以至于通晓命运。

这里指出了"穷"的内容和目标有三个方面：一是"穷理"，即自然规律和社会运行规律，也即真理、科学；二是"尽性"，即抵达人的本性，回归人的本真；三是"知命"，道晓生命的本质，顺应天命。《周易正义》中说："命者，人所禀受，有其定分，从生至终，有长短之极。"《易经》强调的命是趋吉避凶，我们不但要追求生命的长度，更要追求生命的厚度和温度。

穷，在于充满着对事业的热情、执着和追求。人们之所以对客观事物有"穷"的干劲，主要来自一种使命、一种激情，正是由于有了这种使命、激情，人才陶醉其中，保持持久的耐力。

穷，在于充满好奇心和强烈的兴趣。兴趣往往使人乐此不疲，兴趣是创造力的发动机，兴趣使辛苦的事业变成了快乐的事业，人们在"穷"的过程中享受了发现的快乐。

穷，在于有问题意识，是透过纷繁复杂的表象寻找事物的本质。寻找事物的真相，是求是的过程。科学界的许多难题，正是在一代代科学家的穷究之下才得以破解的。

　　穷，在于有追问和质疑的精神。穷，要求不满足于现成的结论，不人云亦云，敢于挑战权威，不迷信权威。一个人的智力品质突出体现在其独立思考的能力上。所谓独立思考的能力，就是对任何理论、说法都要寻根究底，追问它的根据，并作为独立的判断。笛卡尔所说的"怀疑一切"，意思就是对未经思考和验证的东西都要存疑，这就是思想者的必备品质。"地心说"延续了一千多年，直到哥白尼提出了"日心说"，才回归到正确的天体运行规律上来，这是哥白尼敢于质疑的结果。

　　教育必须培养和鼓励学生的"穷极"态度。今天，许多学生过于循规蹈矩，缺乏逆向思维和独立自主的思维，缺乏敢于挑战科学难题的精神，因而丧失了创造力。没有"穷极"的精神，自然失去了寻找智慧的动力，智慧也就变成了无本之源。

（二）通："往来不穷"

　　智慧的产生必须经历一个思考、判断的过程，这个过程必须是畅通的。假如在这个思维中间受到阻滞堵塞，思想的火花就会熄灭，智慧也将失去光芒。为此，《易经》用大圆的思维去开拓发展的路径。《易经》认为天、地、人之间只有处于畅通无阻的状态，才能达到和谐的境界，才能使智慧得到涌流，这一思维在泰卦和否卦中表现得尤为突出。"泰"的核心精神是"天地相交，万物亨通"，这是自然界的"泰"；而在社会中的"泰"是上下通畅，政通人和，正如泰卦中《彖》辞所说："天地交而万物通也，上下交而其志同也。"与此不同的是否卦，是"阴阳不和，阻滞闭塞"，正如否卦中《彖》辞所说："天地不交而万物不通也，上下不交而天下无邦也。"那么，什么是"通"呢？《易传·系辞上》曰："一阖一辟谓之变，往来不穷谓之通。"意为一闭一开叫作变化，来来往往的变化无穷叫作通。《易传·系辞》讲"通"的地方很多，概括起来主要有如下四种思维方式：

一是"通变"。《易传·系辞上》："通变之谓事。"意为通转变化叫作天下的事态。又曰："通其变，遂成天下之文。"意为会通其变化，就能形成天地的文采。《周易正义》："凡天下之事，穷则须变，万事乃生，故云'通变之谓事'。""通变"最关键的是顺应时势，天道浩荡，顺者则昌，逆者即变。俗话说："识时务者为俊杰。""通变"主要是适应时势的转变，如世情、世态的变化，适时作出判断和调整。春秋时期的范蠡、汉代的张良、近代的曾国藩都懂得保全和进退之道。在关键时刻急流勇退，这就是大智。范蠡帮助勾践兴越国，灭吴国，一雪会稽之耻，功成后却与西施西出姑苏，泛一叶扁舟于五湖之中，其间经商成巨富，自号陶朱公，乃中国儒商之鼻祖。张良在楚汉战争中提出不立六国后代，联结英布、彭越，重用韩信等策略，又主张追击项羽，歼灭楚军，帮助刘邦完成统一大业，《史记》中记载，刘邦称他"运筹策帷帐之中，决胜千里之外"。西汉立国后张良自请告退，摒弃人间万事，专心修道以避祸，始得善终，后人尊他为"谋圣"。晚清重臣曾国藩，以编练湘军起家，书生治军，镇压了中国历史上规模最大的农民起义——太平天国运动，保住了大清江山，获封"一等毅勇侯"。事后，他唯恐功高盖主，自请裁撤湘军，并放弃兵权，获得清王朝的信任，官居一品。毛泽东曾说："愚于近人，独服曾文正。"古代的皇帝大多是能共患难而不能共富贵。正如韩信所说："狡兔死，走狗烹；飞鸟尽，良弓藏；敌国破，谋臣亡。天下已定，我固当烹。"韩信虽然知道这个道理，可惜不能放弃利禄，最后还是被吕后、萧何合谋诱杀于长乐宫，令人扼腕叹息。

时下，科学技术的发展给我们提出了新的要求，如互联网的运用成为新的工具、成为新的潮流，新的时代给许多传统产业带来了冲击，如电视、报业、出版都面临转型，善于"通变"则能获得新生，相反必然为时代所淘汰。

二是"会通"。《易传·系辞上》："圣人以通天下之志，以定天下之业。"意思是说，圣人以《易经》会通天下的心志，确定天下之事业。会通心志是创立事业的前提。又曰："圣人有以见天下之动，而观其会通，以行其典礼。"意为圣人发现天下万物运动不息，就观察其中的会合变通，以利于施行典法礼仪。又曰："推而行之存乎通。"意为让万物顺沿变化推广而实行的在于会通。客观事物都是交错交会的，大智之人善于从运动的轨迹中发现其会合之处，使之能够畅通。这也是一种迂回的思维，有时道路前行不通，但转一个弯也许就畅通了。一门新兴学科的形成，往往也是会通的结果，是交叉融合的产物，"会通之法"往往可以结出智慧之果。

三是"变通"。《易传·系辞下》："变通者，趣时者也。""变"与"通"两者是相互联系的，"通"以

"变"为前提，要"通"必须善于变，使之适合时宜。首先，这个理念在于具有促进事物更新发展的进取精神。这正如高压电的使用，必须通过"变压器"的转化，才能成为低压电，适应家庭的用电需要。对于上级的指示，也要善于把上级的精神和本地的实际结合起来，才能切合当地的实际，这是创造性地执行、落实。其次，是遵循客观事物的变化规律，守正创新，这种"变通"式创新不是离经叛道。最后，是适时，坚持"时中"，紧跟时代，不落后于时代，不超越时代。

四是"贯通"。《易传·系辞下》："阴阳合德而刚柔有体，以体天地之撰，以通神明之德。"意为阴阳德性相配合而刚柔相互协调，形成了天地间的万物并且能够贯通神奇光明的德性。"贯通"与"会通""变通"虽然意义相近，但也有差别。贯通主要在于道、器、术、法、势的贯通，以"贯"为前提，以"一"为主线，能触类旁通，举一反三，既从纵向进行贯通，又以横向进行贯通，有纵横结合的贯通，达到四通八达。

（三）变："唯变所适"

《易经》为什么可以给人大智慧，产生神奇的功能呢？这是因为它有"三至"：至精、至变、至神。《易传·系辞下》："《易》之为书也不可远。为道也屡迁，变动不居，周流六虚，上下无常，刚柔相易；不可为典要，唯变所适。"意思是说，《易经》这部书包含着人生哲理，不能须臾离开。它所讲的道理是不断变化的，是运动不止的，循环流转于六爻之间，上下往来没有定数，阳刚、阴柔互相交易，不可将它看成恒定不变的经典，只能顺应它的变化趋势。《易经》认为，任何时候，对待一切事物都应"唯变所适"，趋时更新，"革故鼎新"。革故鼎新是社会一切发展的普遍规律。"革故鼎新"贵在"与时偕行"。《易经下·艮》指出："时止则止，时行则行，动静不失其时，其道光明。"适时的则吉，失时的则凶，把握"时中""时位""时机"，就可以化祸灾、凶险为吉祥。

《易经》最大的贡献、最宝贵的精华，是给我们提供了一个大视野和高起点，揭示了世界万物发展变化的总规律：天地之道在于一切事物无处不在的变化中。

《易经》认为天下万物都是在阴阳、刚柔等一系列对立统一的因素相互影响下，相摩相荡、相互作用而发生变化并演变出自然的昼夜、四季的交替、社会的治乱、兴衰的发展的，人类正是在矛盾冲突、相生相克、相互依存以及渗透转化中向前运动和发展的。

"变"是《易经》的一个核心思想。"易"是变化，称为"变易"，讲的是变动、变化。

《易经》的六爻，从"初九"到"上九"，讲的是事物发展的"六个阶段"。在六爻中，可能有一爻动、多爻动，甚至六爻皆动，动则有变，事理就藏于这个变化之中，它没有固定的变化模式，所以也不能照搬硬套。

《易经》的六十四卦也体现了"变动不居"的转化观。事物之间是可以相互转化的，从乾、坤两卦开始，到屯、蒙到未济，反复说明事物在发展、变动和转化，发展到一定阶段就向反方向转化。

《易经》在讲"变"的时候往往是与"通"联系在一起的。两者虽然在意义上有共同之处，也有所不同。"通"则重于融合会通，"变"则重于灵活巧妙。"变"的核心思维是"唯变所适"，主要内涵有如下四个方面：

其一，"变"是自然规律运行的普遍现象。《易传·系辞下》："变化者，进退之象也；刚柔者，昼夜之象也。"意为卦爻的变化是进或退的象征，阳刚和阴柔互动是白昼和黑夜更替的象征。《易传·系辞上》："子曰：'知变化之道者，其知神之所为乎！'"意为：孔子说，通晓变化道理的人，大概知道神妙的自然规律吧！又曰："一阖一辟谓之变。"意为一闭一开的交感勾连叫作变化。阖，关闭；辟，打开；这是以开门关门为喻，说明阴阳变化之道。又曰："夫坤，其静也翕，其动也辟。"意思是说，坤的门是自己关闭的，而要打开这道门就得由"乾"来"辟"。

其二，"变"是通的前提条件。《易传·系辞上》："变通莫大乎四时。"变化会通没有比一年四季的更替更大的了。这就要适时而变，趋时而变。《易传·系辞下》："变通者，趣时者也。"趣时，指趋向适宜的时机。《周易正义》中也说："其刚柔之气，所以改变会通，趣向于时也。"强调我们在处事时，要选择好时、好位、好势，错过了时机，一切努力都会前功尽弃。

其三，"变"的功能在于"化"。"变"的功能目的在于"化育"。《易传·系辞上》："范围天地之化而不过，曲成万物而不遗，通乎昼夜之道而知。故神无方而《易》无体。"意为《易经》将天地变化的道理都包括进来了又不过分，装进宇宙万物又没有遗漏，会通了昼夜变化的道理而又易为人知。所以说，《易》的道理不拘泥于一方，也不局限于一体。

《易传·系辞上》："化而裁之存乎变。"意为促使万物变相感化而互为裁节的在于变动。化，化育；裁，制约。这是说天上的自然规律与地上的具体事物之间是化育与制约的，它们相辅相成，一"化"一"裁"，事物就发生了变化。

其四，"变"要落实在"与时偕行"。《易经下·损》曰："损益盈虚，与时偕行。"《易经·文言·乾》曰："与天地合其德，与日月合其明，与四时合其序。"《易经》认为天体按一定的规律运行，一年四季春夏秋冬从不违时，是指人的行为也要与之相适应。"与四时合其序"，人的行为要适应自然规律和社会规律，天体在运动，社会在前进，时代在发展，人的思想和行为也要随之变化、发展、前进。这一思想也就是今天我们常说的"与时俱进"。

（四）久："恒常不变"

久，是穷、通、变的最后落脚点。在《易经》中，久与恒的意思是一样的。《易传·序卦》中说："恒者，久也。"《易经》中的恒卦，讲的是恒久之道。久，是基业永存，立于不败之地。许多企业往往都是辉煌一时，然后轰然崩塌。改革开放以来，在市场经济发展的大潮中，第一代企业许多已经基本不见踪影。为此，有不少企业提出要建百年企业，百年的时间看起来并不长，但要做得到却不容易。一个人要立功、立业，做到善始善终，同样也是不容易的。俗话说："创业容易守业难"，打江山难，守江山更难。这就要有恒久的志向、坚毅的意志和守正创新的精神。

久，要有坚强的意志。《易经下·恒》："不恒其德，无所容也。"意为不能恒守德行的人，无处可以容纳之。人生的智慧、能力需要一个学习、积累的过程。悟性是基础，勤奋是途径。为此，在开启智慧的道路上不能急于求成，必须有顽强的意志，不怕坐十年冷板凳；以"十年磨一剑"的毅力，脚踏实地，走好脚下每一步。古今中外许多成功人士，由于持之以恒而能够取得成功的例子不胜枚举。

著名医学家李时珍写《本草纲目》历时 27 年；司马光写《资治通鉴》历时 19 年；司马迁写《史记》历时 15 年；班固写《汉书》历时 20 年；王祯写《农书》历时 15 年；宋应星写《天工开物》历时 20 年；王充写《论衡》历时 30 年；顾炎武写《日知录》历时 30 年；许慎写《说文解字》历时 22 年；曹雪芹"批阅十载，

增删五次"之后，终于著成了举世闻名的文学巨著《红楼梦》；马克思花费了 40 年的心血，完成了《资本论》的写作。正如德国著名诗人席勒所说："有恒心才可以使你达到目的。"

久，要守常能变。世道的变化是主旋律，特别是在科技进步和信息膨胀的时代，社会环境瞬息万变，不能固守传统的思路，不能墨守成规，必须与时俱进。

《易经下·恒》："日月得天而能久照，四时变化而能久成，圣人久于其道，而天下化成。观其所恒，而天地万物之情可见矣。"意思是说，恒，是长久的意思，日月遵循上天的法则而能永久照耀天下，四季的往复变化遵循上天的法则而能永久地化生万物，圣人恒久地保持其品德，天下就能遵从其教化。观察这些恒常持久的现象，便可知道天地万物之情态。一个人要取得成功，也必须持之以恒，像太阳那样自强不息，战胜自我，耐心坚守。同时，人也应守常能变，在常与变中践行而永不满足。这就要求我们善于活学活用，善于吸收当代社会的知识成果，加以转化、创新，创造出新的理论、样式和表达手法。

久，要守正创新。《易经》有"三易"：变易、简易、不易。不易，是遵循规律，坚守大道，但不是一成不变，墨守成规。相反，要想做到恒久，必须敢于变通、融通，但万变不离其宗，不离其道，才能守正创新。守正，就是遵循天道之正道、人间之正道，不能离经叛道，否则就会走到邪路上去。比如，许多科学研究的成果往往存在着两面性，既可以造福人类，也可以给人类带来巨大的灾难。为此，任何智慧必须建立在善的基础上才是真正的大智慧。孔子把"仁"作为"义""礼""智""信"的前提是有科学道理的。一切大智慧必须建立在造福人类、善待自然的基础上，否则必然是大患、大恶。

培养一个人的创造能力，是教育的根本任务。教育家陶行知先生主张创造教育。创造教育是健康人格的表现，是优秀人才的特质。心理学家马斯洛认为，创造性教育的真正目的在于借创造性的学习方式，发掘每一个人的潜能。他把人的创造力划分为三种类型：一是原初的创造力，它是创造性思维和灵感的源泉，包含着欢乐、热爱、潜能；二是次收的创造力，它是创造力产生的中介条件，包括顽强、勤奋、耐心；三是整合的创造力，它把初始的创造力与次收创造力很好地融合在一起，融会贯通就是一种创造力的表现。

三、用"立象尽意"的意象思维去开启大智慧

意象思维是一种想象力、联想力，是一种创造性思维，是一种"顿悟""灵感"。

意象建立在"抽象"的基础上，《易传·系辞下》："象也者，像也。""像"，指万物的形体，也即现象。《易经》首先是"观物取象，取象比类"。《易传·系辞下》："古者包牺氏之王天下也，仰则观象于天，俯则观法于地，观鸟兽之文与地之宜，近取诸身，远取诸物，于是始作八卦。"这说明八卦是通过类比推理取象的。《易传》中又有"观象制器""方以类聚，物以群分"等说法。由此可见，我们的祖先不仅以直观的方式去观天法地、近察远取，同时以类比的方法拟诸形容、象其物宜。

意象是在"抽象"的基础上进行联想的。"联想"主要是人们运用经验记忆之间的某种联系，从一个事物联想到另一个事物、从一个意象联想到另一个意象的思维活动；"想象"是在联想的基础上加工原有的意象或表象而创造出新意象的思维活动。

意象在艺术创作活动中是必不可少的。艺术作品讲

求有意境，而意境是从意象中来的，是意象和物象的统一。如中国画十分重视意境的营造，要求"意存笔先，画尽意在"，用高度的凝练、时空的灵活处理、虚实的巧妙安排创设无限的意境。齐白石先生擅长画鱼虾虫蟹，但他只画鱼虾虫蟹的动态，并不去画水，但画面却让人感觉到鱼虾在水中游动，给人以流畅痛快之感。

从联想到意象还不是思维的最高层次，最高层次是在此基础上的想象。所以想象是创造性思维产生的必由之路。这种创造性思维既可在深厚丰实的知识和经验的基础上通过抽象思维、逻辑思维而产生，也可以在形象思维的前提下通过联想、类比和想象产生。

想象也是"触类旁通"的直觉思维。《易传·系辞上》中说"书不尽言，言不尽意"，故"圣人立象以尽意，设卦以尽情伪"。这就是说，形象所包含的内涵比语言文字更为丰实，涵盖面更广，寓意更深刻，有些难以用言辞表达，只能体会不可言传的义理。

《易经》以图像符号形式的形象思维来"尽意"，也就成为人类不可缺少的思维方式。

想象是一种直觉思维，一个人经验越丰富、知识越渊博，这种人的思维能力就越强，对自然万物和社会万物内在的本质的洞察力、识别能力也就越强。

在想象的基础上，产生了想象力。想象力往往是依靠第六感进行的，是通过联想或想象而呈现出一种直觉闪现的"顿悟"状态，是由感知到知觉再到表象、意象的发展过程。《易传》中的"观象制器""观物取象""取象比类"以及所谓"方以类聚，物以群分"等的分类方法于初始时也大多是通过直观思维的方式来进行和实现的。《易经》的卦象"书不尽言，言不尽意"，提出了比西方早两千年的"意象"，我们从卦爻辞中可以感受到象外之象、别种韵味的意境，想象到各种人生的生命境况。许多科学的发明创造都是依靠丰富的想象力才能取得突破的，如爱因斯坦发现的相对论等。

人类对大脑的智力开发是远远不够的，有许多大脑的资源被闲置，这种潜能的发挥有赖于思维方式的改变，科学的思维应当是感性思维和理性思维的结合、逻辑思维和意象思维的结合、正向思维和逆向思维的结合，应当是灵动的、活泼的、融合的、超越的。反观当下的教育，不论是在学科的设置上、教育的方法上以及知识体系的构建中，都未能把开发人的智慧提到突出的位置上。具体来说，要解决好如下几个问题：

一是倡导融合思维，要推动学科的融合发展。以前的高考设置了文理分科，这个指挥棒在初、高中的时候，已经为文理科辟出了一条鸿沟，使学生走上了偏科的路子。高校的学科专业设置也越来越细、课程越来越专，这样培养出来的人必然带有知识与思维的局限。科学与人文是一个人必备的素质，是学科发展的翅膀。从事科学研究的人假如没有哲学思维和人文精神的指引，不但不可能有科学的发明和创造，而且有可能误入歧途，走上邪路。又如数理化同样包含许多人文的内容，它们的原理同样体现了哲学思维、美学思维和人文精神。《易经》智慧的深邃是把象、数、理融为一体。为此，全国多个省份开始实施新高考模式。我们要倡导学科的融合，进行跨学科的研究，建立更多的交叉学科。

二是倡导超越思维，要勇于创新和创造。《易经》所倡导的"中和"精神，其实质是超越。什么是"中和之道"？有人认为是把握好时、度、势，是把握好分寸，是恰到好处。这一理解是从处事方式去思考的。其实，"中庸之道"作为一种最高的智慧，是一种超越的精神，不但不走极端，而且是善于吸取正反两方面的积极因素，另辟蹊径，进行新的组合，也就是走第三条道路。超越的精神是创新的源头，只有超越才能把打破传统的思维定式，才能发现和创造出有新特质的物质。革新技术，尤其在科学研究上，特别需要有否定的勇气，不迷信权威，找到新的路径。

三是倡导自由自主的思维，要营造宽松的环境。历史上许多思想成果、科学发明、学术创造，都是由思想家、科学家、哲学家在独立、自由的思考中创造出来的。我们说要提高悟性、勇于质疑，则必须有一个宽松、宽厚、自由、开放的环境，必须有"百家争鸣"的环境，才可能"百花齐放"。为此，要把政治宣传与学术研究区分开来，坚持政治有纪律、有规矩，学术研究无禁区，不打棒子，不扣帽子；要在教育中确立学生的主体地位，教学相长，开展启发式的教育，鼓励学生独立思考、独立判断、独立得出结论；鼓励学生大胆实践，"读万卷书，行万里路"，在实践中发现真理，发明创造，创立学说。

《易经》的科学思维，影响了中国人的思维方式。道家的创始人老子写了《道德经》，对这一思维方式作了淋漓尽致的发挥，我们在学习科学思维方式时，不妨结合《道德经》进行学习、研究。

第四讲　以美启真，以美铸魂的美育之道

　　美和真、善一样，自古以来就是人类所追求、所向往的东西。面对大自然之美，人们赏心悦目、流连忘返；面对社会之美，人们的精神得到升华，油然产生崇高之感；面对人的躯体之美，人们怦然心动，产生爱慕之情；面对艺术之美，人们沉迷陶醉，产生优雅之态……美，从来是人们生活中的一部分，从来是最令人感动的字眼。总之，对人类来说，美是更高层次的追求。

　　如今，许多家长都很重视美育，在孩子很小的时候就对他们进行艺术教育，给孩子报了各种才艺班，可惜的是不少家长未能理解美育的本义，都带有功利的目的。其实，艺术是最自由、最没有功利性的精神活动，掺杂功利性的元素，就不是真正的艺术。美育也绝不仅仅是学一点吹拉弹唱或者书画的技能，它的范围是宽广的，凡是能陶冶性情、丰富心灵的活动都属于美育的范畴。

　　那么，对于美育的定义，可以说是众说纷纭的。有人说，美育是美感教育，即是提高审美能力的教育；有人说，美育是艺术教育，即是培养人们的艺术素养；有人说，美育是情感教育，即是促进人们精神愉悦的教育；有人说，美育是趣味教育，即是提高人的鉴赏能力和审美情趣的教育；还有人说，美育是人格教育，即是培养健全人格的教育，说法可以说是五花八门。我认为美育就是培养高贵的灵魂、高雅的情趣、高远的胸怀，培养人们发现和体验人生的智慧和认识生命价值的能力，提高对幸福生活的感知能力，提升体验美和爱的能力，进而激发创造能力。

教育的根本宗旨在于培育人，培养学生求真、向善、爱美、体健，促进完整人格的形成，这是教育的全部意义之所在。

进入 21 世纪，现代文明的发展对教育提出了更高的要求，迫切需要关注人的身心健康和人格完整。而审美教育是培养完美人格不可缺少的一环。我认为，德育，主要是养性；智育，主要是启智；美育，主要是培灵和怡情。作为一个完整的人，必须身、心、性、灵、情都是健全的。德育限于规范、智育限于知识、美育限于技能，都是舍本逐末的做法。德育、智育和美育三者是相互贯通、互相渗透的，缺一不可。蔡元培先生说："美育者，应用美学之理论于教育，以陶养性情为目的者也。美育者，与智育相辅而行，以图德育之完成者也。德育是一切教育之根本，美育则是实现完美人格的桥梁。"

我认为德育决定了一个人能够走多高，智育决定了一个人能够走多远，美育决定了一个人能否享受人生旅途的全过程。

进入 21 世纪，人才对教育提出了更高的要求，教育不但要给学生传授知识和技能，而且首先应当培养具有高贵的灵魂、完善的人格、宽广的胸怀、身心和谐和全面发展的人。这样，美育就不能缺席，因为美育的指向是培养丰盈的心灵、幸福的人生和健康的审美情趣。美育是人们对生活中高尚情趣的追求，是对人们生命力和创造力的召唤，是养成和谐的人格和完美的人性的要求。

近百年来，美育在我国学校的教育中地位一直较为尴尬，时而受到重视，时而受到冷落，沉沉浮浮，若隐若现，至今仍处于"四无"的境地——"无课标、无师资、无课时、无教法"。近年来，美育受到了重视，被提上了重要的地位，但是往往又把艺术教育等同于美育，美育天地很狭窄，美育的方式无创新。今天，我们重读《易经》，认真地去领悟《易经》之大美，对于我们"以美育人"具有重大的价值和意义。

通观中国美学的发展历程，可以说，《易经》是中华美学的思想源头和第一宝典，在中国美学中起着发端和奠基的作用。《易经》中所诠释的审美观点、审美精神、审美境界对陶冶人们的审美情操、提高人们的审美能力、创造精美的艺术精品，甚至创造美的人生仍有历久弥新的价值和意义。

一、以"阴阳互济"的自然之美作为审美基点

《易经》的美学思想建立在浩渺的宇宙之上，以自然之美作为一切美的源泉。作为美的元始点，其认为"美"以真为根基，建立在"道"的基础上，也即真理和规律的基础之上。自然美是本源美，是纯真之美，是与生俱来的。人文美是人文转化自然的产物，艺术美是美化的自然，科技美是揭示自然规律之本质，是驭化自然、超化自然。为此，《易经》的美学体系以自然之美作为审美基石，离开了这个基石我们对审美的认知将会失去依归。自然之美从天地、万物之美中产生，呈现出阴阳互补、刚柔相济的美的形态。人的审美要返璞归真、模拟自然、妙悟自然、巧造自然，实现从自然到心理、文化、精神的转换，而后逐步升华为人文之美。

（一）天地有大美

《易经》认为，天地自有大美。正如庄子所说："天

地有大美而不言，四时有成法而不议，万物有成理而不说。"《易经》在乾、坤两卦中首先对天地之美给予歌颂、赞美、礼敬。

首先是"天有大美"。乾卦的卦辞："元、亨、利、贞。"《易经》通过对大自然的观察，体悟到"天"体现着元始、亨通、和谐、贞固的德性。

《易经上·乾》曰："大哉乾元，万物资始，乃统天。云行雨施，品物流行。""乾道变化，各正性命，保合太和，乃利贞。首出庶物，万国咸宁。"

意思是说，伟大啊，开创万物的刚阳气，万物依靠它开始产生，它统领着大自然。云在天上飘行，霖雨向地下洒落，使万物都变化成各种形态。大自然的更替运行变化，使万物都旺盛生长，保持着自然和谐的状态。阳气周流不息，又开始重新萌生万物，普天之下都和美顺当。

《易经》从自然和社会的角度去阐述四德，也即四种美的形态。首先是刚阳之气是万物之始，故为"元"；它能使万物变化而产生千姿百态，故为"亨"；它有利于万物健康成长，故为"利"；它保持着自然和谐的状态，故为"贞"。孔子认为"保合太和"是自然界最高、最美好的境界，四季如春，风调雨顺，万物生长；然后从自然之美延伸到社会之美，出现了社会和谐的景象，天下稳定安宁。

其次是"地有大美"。"坤"卦的卦辞："坤、元、亨。"意为"坤地"配合着"元"，也能开创化生万物。

《易传·文言·坤》："君子黄中通理，正位居体，美在其中，而畅于四支，发于事业，美之至也！"意为君子以黄色中和的美德居于中位并且通达事理，处于正确的位置，美德居存于心中、畅流于四肢、发达于事业，这是美的最高境界了。

《易经上·坤》曰："至哉坤元！万物资生，乃顺承天。坤厚载物，德合无疆。含弘光大，品物咸亨。'牝马'地类，行地无疆，柔顺利贞。'君子'攸行，先迷失道，后顺得常。'西南得朋'，乃与类行；'东北丧朋'，乃终有庆。'安贞'之'吉'，应地无疆。"

意思是说，至大无际啊，坤元的始生！万物都借助你得以生成，你顺应着、秉承着天道。大地深厚负载万物，品德博大没有边际。包容无限而广大，各类事物都因你而亨通。牝马属于地上的动物，驰骋四野没有疆界。阴柔温顺又守持正固。君子行动的初始会迷失方向，随后便会步入恒常法则。西南方向能够得到朋友的帮助和支持，是因为可以遇到志同道合者一同前往；在东北方与朋友分开，但最终仍有喜庆。安于正道的吉祥，是与无边无际的地道相应合。

这是一首"大地"的赞美诗。大地有宽厚博大的胸怀，它为万物提供了养分而默默无言，为人类贡献了资源而不求回报；大地有柔和顺应的风度，遵循本心，顺应自然，健顺有度，进退适时；大地有成人达人的美德，成就他人，也成就自然。自强不息是自立之道，厚德载物是立人之道，既成就他人，也成就自己。坤卦向处于从属地位的人，宣扬了顺从、内敛、内秀、谨慎、谦逊的品格，颂扬了博大、宽厚的胸怀。

自然之美首先以外观形态表现出来；天地之大美，以形色呈现出来，孟子说："形色，天性也。"（《孟子·尽心上》）洪应明在《菜根谭》中描绘了自然之美："天地景物，如山间之空翠、水上之涟漪、潭中之云影、草际之烟光、月下之花容、风中之柳态，若有若无、半真半幻，最足以悦人心目而豁人性灵、真天地间一妙境也。"自然中的景观和万物的形态给人以千姿百态的美感，激起人们强烈的审美感受。因此，色彩、形状、线条、声音等形态美，成为构成自然美的主要因素。

自然之美体现在变易性。自然之美随时空的运动而产生变异，引起人们不同的感受。《易经》讲的"云行雨施，品物流行""含弘光大，品物咸亨"，都是自然界天时的流转和万物的生长，呈现了美的形态。如同一棵树，它开花和结果时的美是不一样的，同一朵花在含苞欲放、盛开、凋零时的美也是不同的。正因为如此，我国古代画家从不同的季节观察天地万物的变化，总结出水色是春绿、夏碧、秋青、冬黑，天色是春晃、夏碧、秋净、冬黯，树木是春英、夏荫、秋毛、冬骨；概括出春日有万物诞生、朝气蓬勃的萌芽美，夏季有茂盛苍翠的浓郁美，秋季有萧疏明洁的飘零美，冬天有陡峭瘦硬的冷峻美。

自然之美也表现为多面性。自然万物的呈现是多方面的，有色、香、味、形。人们的审美过程是主观感受与客观现实的统一，在对自然万物的鉴赏中会引发不同的感受，产生种种特有的美。如月亮的审美，从形态看，或皎洁如玉盘，或弯曲如吴钩，这种阴晴圆缺的变化体现着意味深长的形态美；从光影看，或温和明亮给人以光辉，或柔和朦胧给人以宁静安详，都是诗情画意般的审美感受。正因为月亮本身存在多面性，人们可以因不同的视觉、不同的心境而获得不一样的美感，转化为情感和意境，这也就是自然的"人化"。因此，美学家说，天地处处有大美，缺少的是一双发现美的眼睛。培养一个人对美的发现能力、感知能力是审美教育的首要内容。在美育中，要让学生去发现、欣赏、体悟、妙悟大自然之美，与大自然产生情感的共鸣，与自然为友，以自然为师，效法自然，返璞归真。

（二）天地之美表现为阳刚之美、阴柔之美和刚柔相济之美

乾为阳刚之性，坤为阴柔之性。"龙德之隐"与"黄中之理"把阳刚、阴柔提高到一个至高至善的美学高度，赋予了其博大、含蓄、变化莫测的文化内涵，二者是形而上和形而下的统一体。从审美客体而言，乾坤二元是两种不同的物性、特质，是事物存在不同时空构造的两个方面，如寒与暑、昼与夜、明与晦、清与浊、生与死、幽与明、张与弛、隐与显、重与轻、开与合、曲与直等，二者相互对立、相互更迭又相互依存、互相推动。正是内在的两种力量形成了审美的张力性，才产生"中和""合和""太和"之美，阴阳对应，虚实相生，动静互衬，相得益彰。这就是刚柔相济之美。

阳刚之美的特点表现为雄浑、豪放、劲健、恢宏、豪爽、豁达、险峻、质朴、厚重、刚劲等。如神话传说中"夸父追日""后羿射日""愚公移山""大禹治水"，历史故事中的"荆轲刺秦""霸王别姬"等悲壮典故，都体现出了阳刚之美的特征，彰显了坚毅、勇敢、侠义的精神品格。

阴柔之美的特点表现为平静、徐缓、纤细、窈窕、婉约、柔顺、圆滑、妍丽、秀媚、温婉等，如传说中的"嫦娥奔月""牛郎织女"等，都体现出了阴柔之美的特征，优柔缠绵，使人的心灵得到宁静，情意深长。

（三）阴阳之美处于和谐的状态

阴柔和阳刚是事物发展的一个统一体。阴阳相互依存、相互补充，阴阳合德，刚柔相推，混沌统一而形成"和合"的整体，由"合"而"和"，上升到更大更高的大统境界。

中国艺术主张"天行健"的阳刚之美，同时也倡导"地势坤"的阴柔之美，而且更强调阴中有阳、阳中有阴、阴阳互助、阴阳互生，阴阳和谐的刚柔相济呈现出龙凤吉祥、神完气足、气韵生动、空蒙含蓄的美学特征。

自然之美在阴阳相济这两种基本形态的作用下，形成了结构对称之美、时序流转之美、奇偶合图之美、圆道循环之美等。

（四）在"物我一体"中体悟自然之美

自然之美是美的起点，美育要使自己"备于天地之美"，就要"观于天地"，在融入自然、感知自然中去观察美、体验美、欣赏美、感悟美。现代著名作家郁达夫说："自然景物以及山水，对于人生、对于艺术，都有绝大的影响、绝大的威力，却是一件千真万确的事情。所以欣赏山水以及自然景物的心情，就是欣赏艺术与人生的心情。"大自然是美的源泉，也是美育的大课堂和教科书。大自然的美千姿百态，绚丽多彩，都能给人以美的享受。我们体悟自然之美，首先要投身到大自然的怀抱、融入大自然之中，用感官直觉欣赏天空的云彩、浩渺的湖水、蜿蜒的小路、起伏的山丘、茂密的树林，以及点缀其间的亭、塔、楼、阁、水榭，听那山间小鸟的啼鸣和潺潺的流水声，体悟自然景观和人文景观相互映衬之美及其审美意义。在"入境"的基础上，更为重要的是"化境"，要寻找自然景物的象征意义，把自然现象"比德""畅神"，进行艺术的和人文精神的转换和升华，达到提高道德情操和精神境界的美育目标。

在自然之美的审美中，主要追求静、远、空的境界。所谓"静"的境界，是在自然的环境中一种安心处于安静澄明的状态，如王维《山居秋暝》所写的："明月松间照，清泉石上流。"所谓"远"的境界，是追求恢宏的精神格局，进入一种超越功利的辽远境界，正如庄子在《逍遥游》中所描写的振翼远游的大鹏那样："扶摇直上九万里。"所谓"空"的境界，是游心大化、空灵安详，把"静"的意趣推向深邃的境界。如王维的《鹿柴》："空山不见人，但闻人语响。返景入深林，复照青苔上。"诗中幽深的山林充满"空"意，融合了富含深邃"空"趣的至静之境。

中国古代美学的"比德"，将自然物看成具有德性之体，如以松柏喻坚贞，以竹菊喻高洁，将梅兰竹菊比作"四君子"；并常用"畅神"的审美观看待自然物，把自然景物都看成是畅神悦性、有情有义的东西，如竹子可给人以高尚的精神感受；郑板桥写诗赞美竹子"新竹高于旧竹枝，全凭老干为扶持"，肯定"为人梯"的精神。我们欣赏大自然的美，不能光赞美自然景物外表，还要融合人文的思想感情，给人精神上的启示。

二、以"中和"的核心精神作为审美品格

"中和"是中华民族文化的核心内涵和精神境界，是民族群体意识的自觉，是深厚且持久的民族凝聚力和向心力，是中华民族自身的信心和力量的象征，也是中华民族独特的美学品格。

"中和"是美的内核和表现，没有"中和"，美的形态不可能产生。"和"是适度的辩证法，是一种超越的最高智慧，又是中国美学的核心精神。

（一）《易经》美学建立在"中和"这一核心精神的基础之上

《易经》对"中和"的表述是很多的，如把"太和"作为最高价值目标。《易经上·乾》曰："乾道变化，各正性命，保合太和，乃利贞。"意为天道运行变化，使万物各自获得天赋和秉性。它维持一种极为和谐的状态，从而善利万物，体现天之正道。"太和"一作"大和"。天地万物之阴阳永保和气而不相离，并始终维持协调平和的关系。这种调和的生态系统既表现在阴阳消长、事物渐变的过程中，又表现在阴阳转化、事物相变的过程中。

师卦："刚中而应，行险而顺"；比卦："原筮，元永贞，无咎。以刚中也"；履卦："刚中正，履帝位而不疚，光明也"；同人卦："'同人'，柔得位得中，而应乎乾"；观卦："大观在上，顺而巽，中正以观天下"；垢卦："刚遇中正，天下大行也"；升卦："柔以时升，巽而顺，刚中而应，是以大亨"；节卦："当位以节，中正以通"等。

《易经》强调了"中和"会带来吉祥、顺利、亨通等，足见"中和"的价值和意义。

《易经》的太极图更是审美精神的生动诠释，体现了三种审美理念：

一是结构美。太极为一整体，虽然分为阴、阳，而阴、阳只不过是太极的一体两面，阴阳两者的黑白，表示虚实对立互补、共存共生。虽然一分为二，但二合为一，仍然是一个整体。从"天人合一"的观点来看，天、地、人"三才"共存于一体，人道存在于天道、自然之道之中。

二是和谐美。太极图代表着整体，阴阳共处于一体，两力既对立又相依，处于平衡状态，形成了和谐、均衡，对称之美。《易经》认为："孤阴不生，独阳不长""与天地合其德"，说明只有在阴阳两力融合的情况下才能产生动力；相反，如果阴阳相背，则会产生强大的破坏力。乾卦的"自强不息"和坤卦的"厚德载物"是相互补充、相互依存的。人具有刚健的品格固然有利于发展，但并非在每一时空都需要刚健，有时也需要柔和来调剂；反之，只重视柔和而缺乏刚健素质却会显得软弱、寡断；刚柔相济是君子的品格，也是为人处世必须坚守的原则。《易经》在排列各卦的顺序上，体现了刚柔相济、动静相应、正反交替、明幽互补的原则。

三是动态美。太极图中的阴阳两极对立而环抱之象指出了阴阳两力始终处于运动、消亡的过程，体现了循环的规律。这一规律要求人们把握好事物本身在变动过程中所处的时位，适当行动加以适应，以获"得"避"失"，这是顺应天道的行为。

"中"在《易经》中应用的频率极高，出现了126次，强调"时中""尚中""中正""正中""中直""刚中"等；其在卦爻辞的判断上，亦多因处中位、行中道与否而判断吉凶悔吝，这同样鲜明地反映了尚中的思想倾向。凡是"时中""中正"的，其判辞皆为吉。

"和"同样是《易经》中的重要概念。《易经》虽然出现"和"字的地方不多，但关于"和"的思想却是比比可见的。如同人、中孚、咸等卦，都蕴含有"和"的思想倾向。为什么《易经》把"中和"作为审美的核心精神呢？这是因为：

第一，"中和"是天地之大道。《易经》认为："一阴一阳之谓道。"《易经》把阴阳变化规律看作是统率天地万物及社会人生的一个最为普遍的规律，阴阳的相互作用是宇宙万物生成变化的根源。《易传·系辞下》："刚柔相推，变在其中焉。""中和"也是化生宇宙万物生命机体的两种根本性力量，《易传·系辞下》："天地细缊，万物化醇；男女构精，万物化生。"而在阴与阳的内在关系中，和谐是基础，和谐既是宇宙万物的基本状态又是其最佳状态。《易经》认为，阴与阳在本质上相互和谐调适。乾为刚，坤为柔，双方互相亲附，就会带来快乐；相反，双方互相对抗，就会带来忧患。《易传·杂卦》："乾刚坤柔，比乐师忧。"由此看来，对立双方的和谐统一是《易经》的基本原则。

儒家对"中和"的精神加以发挥。《中庸》："喜怒哀乐之未发，谓之中。""中"是心无所想之时，而一切当于理的境界。《中庸》还说："中也者，天下之大本也；和也者，天下之达道也"，"致中和，天地位焉，万物育焉"。意思是说，"中"是天下的大根本，"和"是普天下的人应实现的大道。如果奋力而达到中与和的极致境界，天和地便可各居其位，置身其中的万物便可生长繁盛了。"中和"是生生不息的"催化剂"，天地万物只有处于"中和"的状态，才能繁荣成长。

第二，"中和"是一种大美。中国传统美学思想强调中和之美，这种中和之美，表现为协调之美、和善之美、和合之美等。"中"字一线中分，左右平衡，体现了一种和谐对称之美。从美学的视角看，"中和"是儒家的最高审美标准。孔子主张执两用中，注重对中和之美的追求：在做人方面，孔子认为"中和"是君子应有的美德，"文质彬彬，然后君子"；在艺术创作方面，孔子评价《关雎》是"乐而不淫，哀而不伤"，实现了"中和之美"。《乐记》把"中和"作为音乐的审美标准，认为"中和"是音乐的本质，以"中和"为美，"乐者，天地之中和也"。在儒家思想的影响下，"中和之美"成了中国历代艺术家推崇的审美标准。人类的根本追求、文化的根本追求、美学的根本追求，都在"和谐"二字。宋玉笔下的大美人东家之子"增之一分则太长，减之一分则太短，著粉则太白，施朱则太赤"（《登徒子好色赋》），说明适中、中和是一种美的标志。

第三，"中和"是一种大法。"中和"是处事的高超智慧。孔子在《论语·子罕》中说："吾有知乎哉？无知也。有鄙夫问于我，空空如也，我叩其两端而竭焉。"意思是说，我什么都懂吗？不是这样的。假如一个乡下人来问我，态度诚恳而虚心，我只是就他的问题从正反两个方面详细推敲，然后找到了答案。孔子在这里讲"叩其两端而竭焉"，就是考虑到所有两极的正反面状态，然后自然而然地做出决断。孔子主张对对立的"两端"采取"致中和"的方法，防止斗争激化，促进矛盾转化，使斗争双方达到平衡与协调。我们处理问题，常常要权衡利害，两害相衡取其轻，即是中。中就是去除偏激，选择正确的方法，它体现的是端重沉稳，是守善持中的大气魄，是宽广的胸襟和"一以贯之"的坚定信念，这是处世的大法和最高水平。"中和"也是艺术创造的一大法则。我们都知道数学中的"黄金分割率"是和谐之美的体现，这个法则通常被运用于绘画、建筑、雕塑、表演之中。建筑师设计的很多矩形窗户都是符合"黄金分割"的，一般取其近似值 5 : 8；晚会报幕人站在舞台上的黄金分割点将达到最佳境界；令人扑朔迷离的维纳斯雕像符合黄金分割律；庄严美丽的五角星上也有许多黄金分割点；此外，法国的巴黎圣母院、中国故宫的构图都融入了"黄金分割"的匠心。

（二）和谐美是中华美学追求的核心价值

和谐美是中华美学所追求的核心价值及审美境界，也是中华美学精神的集中体现。中华传统文化的"和谐观"早在"上古之书"的《尚书》中已经萌发。《尧典》："百姓昭明，协和万邦，黎民于变时雍。"《舜典》："八音克谐，无相夺伦，神人以和。"《大禹谟》："正德，利用，厚生，惟和。"《皋陶谟》："宽而栗，柔而立，愿而恭，乱而敬，扰而毅，直而温，简而廉，刚而实，强而义。彰厥有常，吉哉！"这些经籍都论及了"和谐说"及其"和谐美"。

儒家强调和谐美，《论语》中即记载了孔子的几次论述。孔子论乐："子谓《韶》：'尽美矣，又尽善也。'谓《武》：尽美矣，未尽善也。"（《论语·八佾》）论诗："乐而不淫，哀而不伤。"（《论语·八佾》）论文："质胜文则野，文胜质则史。文质彬彬，然后君子。"（《论语·雍也》）论美："子谓卫公子荆，善居室。始有，曰：'苟合矣。'少有，曰：'苟完矣。'富有，曰：
'苟美矣。'"（《论语·子路》）可见，孔子相当崇尚
"中和之美"的核心价值及其美学精神。

道家着眼于人与自然"道融为一"的辩证关系，立
足于"天地与我并生，而万物与我为一"（《庄子·齐物
论》），强调"天人并生""物我为一"之"和"，提出
"调理四时，太和万物""一清一浊，阴阳调和"（《庄
子·天运》）、"与天和者，谓之天乐"（《庄子·天道》）
等，阐述了宇宙、乾坤、经纬、天地、阴阳、有无、虚
实、形神、心物、美恶等对立统一的辩证关系，形成中
国古代艺术辩证法与审美辩证法的传统，构成"和谐"
思维及其艺术表现方式与审美方式特点，成为中华美学
精神的核心价值及其重要内容。就中华美学精神的哲学
根基及其思想来源而言，儒道既有双峰对峙、两水分流
之区别，也有儒道互补、殊途同归之融合，共同以"和
谐"思想体现中华美学精神的包容性、开放性与共生性。

（三）"中和"精神集中表现为形神之美

具体来说，表现为以下几个方面：

一是形态的对称、协调、均衡。这方面，在中国的
建筑中尤为突出。中国的建筑讲究"中轴线"，建筑整

体形态对称，如北京的四合院、潮州民居的"四点金"都是对称的结构，显示出大方、大气、稳定，给人以端庄、稳重的美感。

二是人与自然的共生共荣。《易经下·中孚》："鸣鹤在阴，其子和之，我有好爵，吾与尔靡之。"这就是说，一只鹤鸟在树荫下鸣叫，它的好伙伴声声应和：我有好酒，想与你一起享用。在声音上，这是鸟类之间的相互唱和；在画面上，这是一幅生态和谐的美好图景，让人陶醉于大自然的美妙之中。这句话通过鹤的和鸣与人类的分享行为，展现了人与自然之间的和谐共生关系，强调了自然与人类社会的相互联系和相互影响。《易经》反映了古人对自然的敬畏和尊重，认为自然界的和谐是人类社会和谐的基础。庄子《天道》："与人和者，谓之人乐；与天和者，谓之天乐。"曾经一段时期，人类漠视自然规律，以"人类中心主义"作为处理人与自然的关系准则，掠夺自然，破坏自然，最后又遭受了自然的惩罚。在人与自然万物的相处中，滥杀滥伐，导致物种大幅度减少，有些还濒临灭绝境地。当安全的食品、清洁的水源、清新的空气成为当代人稀缺的资源之时，也是人类面临末日之际。我们应当明白，只有人与自然万物共生共荣，才能达到和谐的境界。

三是人与人之间的共赢、圆融、包容。孟子说："天时不如地利，地利不如人和。"一个人要获得成功，时也、命也、人也。"和"字可视为由"千""人""口"组成，千人一口，同声相应，同气相求。"和"的异体字"龢"原指一种管乐器，"龢"中有三"口"，"三"为众，意为多个出气发声之口，众口齐鸣，莺歌燕舞。"龢"指多人一同吹奏乐器，节奏一致，旋律和谐；把它延伸到人和事，则是和睦、和顺、祥和。要实现人与人的和谐，首先要有共赢意识，形成利益共同体，由于目标同向、利益共享，自然就和平相处了。相反，假如利益的获得是建立在对他人的掠夺、损害的基础之上，必然出现争夺、反抗、斗争，矛盾就会越演越烈。只有你好我好，大家才能好。其次是圆融，也就是中道，"同中存异，异中求同""和而不同"。做一件事情，由于每个人的立场、利益、视角不同，看法、意见也有差别，这就要博采众长，寻求共识、共生之道，才能化解矛盾和对抗。最后是包容。大家熟知的"将相和"的故事说明了这个道理。每一个人都有自己的个性、优点和缺点，用包容、忍让取代针尖对麦芒，才能和谐相处。

　　四是"中和"表现为生机勃勃。《易传·系辞下》曰："天地之大德曰生。"意思是说，天道是一个变化流行、生生不息的过程，天地的大德叫生长万物。《易经》回答了人性之所以是善的缘由：人是天地所生，人生时，天道亦降临于人，是为人性。天道决定了人道，故人性为善。《易传·系辞上》："一阴一阳之谓道，继之者善也，成之者性也。"就是说，一阴一阳的对立转化称为道，继承它的善性，成就万事万物的是天命之性。人性之善，成于人道对天道的承继，即所谓"继善诚性"。于是"成性存存，道义之门"，人们获得了道德行为的人性依据。

　　人的生命状态处于健康状态时一定是"中"与"和"，也即身心调和，心平气和，五脏六腑调和。假如气血不畅，五脏不和，必然会有病痛和疾病。

　　《易经》在这里实际上是揭示了善与美的关系。善是美的灵魂，违背了善，也就失去了美。管仲说："将将鸿鹄，貌之美者也。貌美，故民歌之。德义者，行之美者也。德义美，故民乐之。"（《管子·形势解》第六十四）管仲讲的德义表现出来的行为是美的，所以行德义者会得到民众的拥护。黎巴嫩诗人纪伯伦认为：真正的美，是发自心灵的最神圣处，照亮人体外表的光芒，就像源于果核的生命力，给花儿带来了色彩、芬芳。和谐带来了生命、生长，带来了生生不息，这就是"中和之美"的最高形态。

三、以"立象尽意"作为艺术之美的审美范式

艺术之美以自然之美为基础，以人文之美为内核，以"意象"的形态呈现出来，使审美对象呈现出形神兼备的审美形式。《易传·系辞下》提出了关于"书、言、意、象"的著名的审美范式。子曰："'书不尽言，言不尽意。'然则圣人之意，其不可见乎？子曰：'圣人立象以尽意，设卦以尽情伪，系辞焉以尽其言，变而通之以尽利，鼓之舞之以尽神。'"意思是说，孔子认为书面文字不能完全表达人的言语，言语不能完全表达人的思想。然而圣人的思想意绪，难道就无法体现了吗？不是的。孔子还说，圣人创立了卦爻符号这独特的易象体系，来完美地表现自然万物的内在性质和社会万物的人为性状。以"系辞"这种书面文字方式来充分地表达圣人的言语，以整个卦象体系的变化会通穷尽万物的功能，于是人们受到了鼓舞，所以《易经》立象能尽意，实在神

奇。这段话概括了审美的范式，从"观物取象""立象尽意"到"创立意境"，形成了从物象到观象、取象、心象的相互连续运动与转换，创立了中国人独特的审美范式，呈现了艺术之美的形态。

（一）以"观物取象"作为意象审美的第一层次

《易传·系辞下》："象也者，像也。"卦象和爻象是模仿事物的形象。"象"，来自自然万物。先有"物象"，然后人们"观象""立象"。《易经》的意象美学建立在"观"的前提下，主旨在于"象"的领悟，构建了中国艺术独特的重象写意的传统。

《易经》的意象美学是唯物史观认识论的体现。《易经》中关于"观物取象"的论述是很多的。

《易传·系辞上》："圣人设卦，观象系辞焉而明吉凶。刚柔相推而生变化。是故吉凶者，失得之象也；悔吝者，忧虞之象也；变化者，进退之象也；刚柔者，昼夜之象也……是故君子居则观其象而玩其辞，动则观其变而玩其占。"《易经》在这里指出"设卦"是为了"观象"，"观象"是为了"类情"。"观物取象"是意象创构的基础，体现了从感性到理性的升华，强调了主体与客体的交融，突出了直观与感悟的重要性，并且是意象创构的必经之路。

《易传·系辞下》："古者包牺氏之王天下也，仰则观象于天，俯则观法于地，观鸟兽之文与地之宜，近取诸身，远取诸物，于是始作八卦，以通神明之德，以类万物之情。""物"，指天文和人文之物，包括自然和社会中的一切事物。"观物"，面对客观的现实和人生；"取象"，是在"观物"的过程中通过仔细的辨析，去伪存真，摄取其具有典型特征和意义的形态，以简易明白的"卦象"表示，以达到"通德""类情"的目的。"类"意为归类、比类、分类，以通神之德，能比类天地万物的形体。"以类万物之情"，意思是以此来理解和分类万物的情状。这表明《易经》中的卦象不仅是对自然现象的模拟，更是对万物内在情感和规律的表达。

观物取象，首先是指观察、辨别形象、现象，如果连形象都无法描述，就不可能成为象。《易经》取象计有"八卦之象""六画之象""象形之象""爻辞之象""方位之象"和"互体之象"六种。如《易传·系辞上》所说："见乃谓之象，形乃谓之器"，即呈现出来能够见到的称为象，又说："象其物宜，是故谓之象。"

观物取象，是在观察的基础上，运用逻辑思维的归

类方式去取象，从事物的外部特征和内在本质出发加以
概括，《易传·系辞上》："方以类聚，物以群分。"例
如，汉字有不少是来自对动物形体的描摹、抽象和概括。
《说文解字·叙》中说，象形字的构造是"画成其物，
随体诘诎"，也即画出事物，按照它的形状曲折描摹，
这类的文字都很具象、形象，用简约的线条描绘、勾勒
或凸显出被摹写的事物的轮廓、细节或特征，是在具象
思维的观察和构思后创制出来的形象符号，易于使人望
形生义，具有很强的可识性、可读性。这类象形字主要
有独体象形和合体象形两种。独体象形可以"象"字
为例：

甲骨文	金文	篆书	楷书
𧰨	𧰨	象	象

　　甲骨文的"象"字是大象的侧面形象，长长的鼻
子，大大的耳朵，一目了然是大象的外形；金文在甲骨
文的基础上进一步线条化，躯体由平面变为线条，但仍
然保留头部长鼻的特征；小篆字形则进一步线条化；楷
书则把曲线转变为直线，这样还可以看到整体的形状。

这一类字很多，如鹿、兔、马、虎、犬、豕（猪）、鸟等都是如此。

合体象形可以"蛛"字为例：

金文	篆书
𧊒	蛛

"蛛"字金文的形符是蜘蛛的象形形态，加了声符"朱"；小篆则根据蜘蛛的属性（昆虫的一种），把形符改成了"虫"，这就变成了一个合体的"蛛"字，"虫"表属性，"朱"表声符。

观物取象，是在取象的基础上，再进行"法象"。《易传·系辞上》："是故法象莫大乎天地。""法象"是仿效、依照、效法自然规律，是观象、取象的落脚点，这就要求不能停留在表象上，还要深入本质，按自然规律和客观规律办事。

（二）以"观象尽意"作为审美范式的第二层次

客观物象是"意"的唯一源泉与依据；"象"是对客观物象的能动反映。"观象尽意"是心物一体的过程，是象与理一体化的过程。"尽意"讲的象，是表达意义，也即意象，这是从具象到抽象的发展过程，是感性进入理性的升华。"尽意"一般采用隐喻性和象征的表达手法。

隐喻象征是中国古人的传统思维方法，而《易经》对这种思维方式的形成起到了奠基的作用。隐喻不仅仅是一种修饰艺术，而更主要的是一种借用已知事物解释未知事物的思维方式。《易经》所采用的基本范畴及论证方式都是隐喻性、象征性的，借助自然中具体存在的事物或情状来阐释抽象晦涩的哲学道理，都是在"形而下"的揭示之下传达"形而上"的东西。

《易经》的"象"大多有"象征"意义。整部《易经》都由"象"组成，六十四卦及三百八十四爻，卦卦有象，爻爻有象，所象征的对象几乎囊括了自然与人事的方方面面。从某种意义上说，《易经》之"象"在本质上体现的就是一种隐喻思维；甚至可以这么说，"象"这一范畴是中国传统思维隐喻特质的总概括。

《易经》各卦，实际上就是对现实世界万事万物进行抽象概括和超越升华的结晶，但又以具体形象的卦象符号形式表达出来。如：

《易经》中的乾卦☰。上下都是由阳爻组成，"乾"

为天。此卦象，拟取"阳气"，它在"天"运作中起主导作用，是万物赖以创生的阳刚元素。乾卦象征"天"的运行周转不息，揭示的人生哲学是君子要刚健有为，积极向上。

《易经》中的坤卦䷁。上下都是由阴爻组成，"坤"为地。此卦象，是万物选取得以滋生的阴柔元素。坤卦象征"地"，柔顺宽厚，揭示了君子要在柔顺中包容和创造。

《易经》用隐喻象征思维的方法，即先以自然物象再以人事意象为隐喻本体，然后再从深层次暗示那些不能说出或不便直说的人生哲理。比如困卦是事物处于窘迫、穷困之时的象征，自然物象是下为水，上为泽，水在泽下，是泽水下漏，泽有干涸危险的意象，借此来象征人生遭遇的种种困境。爻辞则以"困于株木""困于酒食""困于石""困于金车""困于赤绂""困于葛藟"六种事物来喻示人生各种困境及其解脱办法。

《易经》"立象尽意"的审美方式对中国传统美学产生了深远的影响。中国的诗歌经常采用隐喻的手法。如抒发"愁"的情绪，李白《秋浦歌》："白发三千丈，缘愁似个长。"李煜《虞美人·春花秋月何时了》："问君能有几多愁，恰似一江春水向东流。"秦观《千秋岁·水边沙外》："春去也，飞红万点愁如海。"李清照《武陵春·春晚》："只恐双溪舴艋舟，载不动许多愁。"贺铸《青玉案·凌波不过横塘路》："试问闲愁都几许，一川烟草，满城风絮，梅子黄时雨。"所有这些都充分证明了中国抒情传统就是隐喻的传统。

（三）以"立象创意"作为审美范式的第三层次

"立象创意"是审美范式又一层次的上升，是把"意象"转化为"意境"。意象和意境就物我一体的契合结构而言，所达到的层次和深度有所不同。"意象"是就艺术审美所涵摄的广度而言的，而"意境"是就艺术审美所达到的深度而言的。从"意象"到"意境"，是以"境"代"象"，韵味不同。

"意象"主要依靠味觉、视觉、触觉、听觉就可以达到。在艺术形象的创造中，艺术家经历了知觉、体验、意会、创立的过程，首先把大量的具体生动的感知和表象材料加工，然后提炼成感性与理性、现象与本质相统一的意象。"意象"的建立，一是要有可感的个性形态，二是艺术家要饱含着浓厚的情感，三是必须保持对象完整的形态。所以，艺术家在创作中常常讲"意在笔先"，即先立意。作画、赋诗、作文、写戏、创造任何艺术形象，必须首先形成呼之欲出的意象。如画家画竹，首先要"胸有成竹"，形成几个意象，正如苏东坡所说："画竹必先得成竹于胸中，执笔熟视，乃见其所欲画者。"（《文与可画筼筜谷偃竹记》）"意象"二字，"意"在前，"象"在后，"意"是艺术家心中所思所想，所要表达的思想、理念是这一件作品的灵魂，"象"是其思想、理念的呈现形态。

"意境"则靠"心觉"去实现，艺术之美，美在以意境胜，妙在意象、意境两全。

"意境"是"意"超越于"象"，是"境生于象外"。

《易传·系辞下》："子曰：'书不尽言，言不尽意。'"书指文字，言指语言、言论，意指意识。远古时代没有文字，圣人的言论都是靠一代代口口相传下来的。到了有文字可以记录时，因刻写工具的限制，既不能全面表达圣人的言论，也不能全面地表达圣人的本意。佛学主张"不立文字"。不立文字，并不是不要文字，而是不要受文字的束缚而丧失了想象力和创造力。孔子在这里讲了言、象、意之间的关系。

"意"是通过"象"来传达的，"象"是通过"言"

来解释的。言是表达的工具，象可以弃言，意可以弃象，在艺术审美上，不但要"象以尽意"，还应"得意忘象"，这是一种直觉和妙悟，这就是《易传》所说："变而通之以尽利，鼓之舞之以尽神。"这样，才能实现对精神本体的领悟和把握。王弼在《周易略例·明象》中指出："夫象者，出意者也。言者，明象者也。尽意莫若象，尽象莫若言。言生于象，故可以寻言以观象；象生于意，故可以寻象以观意。意以象尽，象以言著。故言者，所以明象，得象而忘言。"《易经》主要用取象的方法来观象明理，《系辞》《序卦》《杂卦》对此均有说明。如《易传·系辞上》所提出的"立象以尽意"之命题，即说明了一切概念、逻辑、语言在"圣人之意"面前都是苍白无力的，只有直觉之"象"才是解脱"言不尽意"困境的唯一出路。为此，停留在"立象尽意"的层次还不够，还要"立象创意"，让人体会"言外之旨，意外之味"。那么，如何"立象创意"而产生"意境"呢？

一是要发挥人的主观能动性。中国传统思维重视观象致理、格物致知，均在穷物究理，追求进入体悟层次，通过"悟"来把握真理。

二是要学会多维的思维方式。《易经》倡导的是"六合"思维。《易传·系辞下》："与天地合其德，与日月合其明。"这是"空间"的思维，"与四时合其序，与鬼神合其吉凶"，这是时间的思维和人道的思维。这种思维要求立象要跨界融合，在融合中创新，在融合中产生新的创意和艺术样式。

三是要有超越的精神，超越一切有形物象。既要有能象征它们的"意中之象"，又要能超越物象，才是最博大最完美的"大象"。《老子·四十章》说"大象无形"，即超越具体物形，如"无言之美""无迹可求""大音希声"，均是美的极致。

"立象创意"，可让人们妙悟"象外之象""味外之旨""韵外之致""言外之意"中的美，这个美是无限多样的，正如王充在《论衡·自纪篇》中所说"美色不同面，皆佳于目"，又如嵇康《声无哀乐论》中说的"五味万殊，而大同于美"。

（四）以"大化之境"作为审美的第四层次

立象尽意，是意象一体的融化之境；立象创境，是物我一体，物与人心相融合。而"大化之境"则是更高的境界，这是与大自然、大社会、全人类构成生命共同体，构成大美和谐场。美美与共，美在寰宇。"大化之境"完全打通了人与物、身与心的界限，形成美的和谐共融。

首先，"大化之境"是适时而变。《易经上·乾》《彖》曰："乾道变化，各正性命，保合太和。"这里指出了变化是乾道所决定的，大自然有其自身的运行规律，更替变化，使万物都能旺盛生长，保持着自然和谐的状态。

其次，"大化之境"是相融相合。《易传·系辞上》："刚柔相推而生变化。"阳刚和阴柔相互推移而产生无穷的变化。《易传·系辞下》："刚柔相推，变在其中焉。"刚柔之间，是互动、互变的。"阴阳合德""刚柔有体"，彼此渗透，相荡相济，形成亦此亦彼之美。这两种美实际上是互为表里、互为补充的，有时甚至共同构成一个矛盾统一的艺术体。

再次，"大化之境"体现为气韵之美。《易传·说卦》："山泽通气，然后能变化，既成万物也。"《易传·系辞上》："广大配天地，变通配四时，阴阳之义配日月，易简之善配至德"。《易经》的广大深远、变化无穷、阴阳互变，简约平易可以与天地、四时、日月、至德相匹配。《易传·系辞上》："化而裁之谓之变，推而行之谓之通，举而措之天下之民谓之事业。"天上的自然规律与地上的具体事物之间的化育和制约叫作"变"，这种"变"之道不停息地运行，事物就通畅了，把以上的道理交给百姓称之为事业。

"大化之境"是艺术家已经进入通达、融通的境界，艺术家此时往往能够妙悟、顿悟，创作出玄妙、神奇的传世之作。

四、以"生生不息"的审美境界作为生命之美

我们培育一个完整的人，是一个身、心、性、灵统一的人。"身"，是指生命健全、生命健美的人。"身"是心、性、灵的一个载体，没有这个载体，心、性、灵将会无所归依、无所依附，一切都会落空。

教育，不仅仅是灌输知识，更重要的是育人，首先是培养正确的认知模式，其次是培养完善的人格，再次是让生命具有长度、厚度和温度。

天地之美、人文之美、艺术之美，都有一个共同的特点，就是"生生不息"，也即充满生命的活力，呈现蓬勃的生机。《易经》强调要修心、修性，也要修命，

即要性、命双修。从审美境界来看，《易经》将生命哲学视为最高层次的追求，把整个世界作为大化流行的生命现象来看待，从这个意义上看，《易经》是一部生命美学，它蕴含着生命的力量、生命的情趣，焕发着生命的美感。

（一）生命之美来自"阴阳合德"

《易传·系辞下》："天地之大德曰生。"生的法则是生命的最高法则和最高价值。天地之间唯人最贵，而人最宝贵的是生命。

《易经》认为生命的价值在于对"生"的重视，整个宇宙的价值倾向归结于"生"。《易传·系辞上》曰："夫乾，其静也专，其动也直，是以大生焉；夫坤，其静也翕，其动也辟，是以广生焉。"乾与坤，一个是大生，一个是广生。乾坤的动与静、刚直与收敛的变化，就是一种生命的存在状态，孕育着生化万物的无限潜能，具有难以尽言的好生之德。故《易传·文言·乾》赞曰："乾始，能以美利利天下，不言所利，大矣哉，大哉乾乎！"天地运行变化，万物皆受其利，各得其品性与天命，《易经上·坤》曰："乾道变化，各正性命。保合大和，乃利贞""坤厚载物，德合无疆。含弘光大，品物咸亨。"天地无时无刻不在普施德泽，给万物生命以滋养和保佑。

《易经》认为"一阴一阳之谓道"，一阴一阳中蕴含着生之道。天地的生命秩序强化了主体的生命意识，主体的生命意识又赋予了客体以人的生命情感。天地自然由之而具有生生不息、积极乐观的生命节律，是一种理性与情感互渗的充满生命感和美感的人生哲学。在这一理念的影响下，中华文明的审美价值把对生命的维护、保护、珍惜作为最高价值，置于物质价值之上，而且把精神价值置于肉体价值之上。

《易经》认为生命的来源是阴阳两气相交、和谐共生的产物。《易经》上经以乾、坤卦始，乾、坤即代表天与地、阴与阳，《易传·说卦》释其为"乾，天也，故称乎父；坤，地也，故称乎母""天地感而万物化生"，《易传·系辞下》中有"天地絪缊，万物化醇；男女构精，万物化生"，天地阴阳相感相交而生化养育万物，促使万物生机萌动、感化和谐、相融相通，繁衍出多姿多彩、纷繁复杂的生命形态。《易经》开创了阴阳气化的生命生成说。

《易经》将乾、坤二元作为人生的原始状态，由此派生出尚"生"美学智慧的物质基础与逻辑原点。

《易经上·乾》："大哉乾元！万物资始，乃统天。"

《易经上·坤》："至哉坤元！万物资生，乃顺承天。"

《易传·系辞上》："生生之谓易，成象之谓乾，效法之谓坤，极数知来之谓占，通变之谓事，阴阳不测之谓神。"

《易传·系辞上》："夫乾，其静也专，其动也直，是以大生焉；夫坤，其静也翕，其动也辟，是以广生焉。"

《易传·系辞下》："天地之大德曰生，圣人之大宝曰位。"

《易经》认为天地万物都是由阴阳两气交感而生的。所谓："天地交而万物通也，上下交而其志同也。"（《易经上·泰》）所以说："有天地，然后万物生焉。盈天地之间者唯万物。"（《易传·序卦》）阴阳的交合、变化，是万物生、变的根由。美附丽于万物，是阴阳二元交感的产物。天地相遇，阴阳交流，万物盛生，这里"生"之"大行"，是万物分合离遇的"生"的法则。正是因为如此，产生了阳刚之美、阴柔之美和刚柔相济之美。

《易经》从八卦衍生到六十四卦，再衍生了天下万物，再现了宇宙生命的整体过程，这个过程是对化育万物、滋养万物和终始万物的生命机制的再现。《易经》反复强调"物不可以终通""物不可以终尽""物不可以终动"以及"物不可以终止"等，强调天地万物之大德，强调生命之薪火相传生生不息。

（二）生命之美表现为创造之美

《易经》观照和复现宇宙生命的创化，体现了生命力的创造之美。《易经上·豫》曰"雷出地奋"，寓指惊雷震动万物，万物生机勃勃的春天景象。从宇宙运化的规律看，春发、夏长、秋收、冬藏，春天洋溢着生命的亢奋和热情，是对生命的礼赞。

《易传·系辞下》："《易》之为书也，广大悉备；有天道焉，有人道焉，有地道焉。"而人作为天地化育而生的产物，处于天地之间，但不只是被动地接受，还可以"裁成天地之道，辅相天地之宜"，积极发挥其主观能动作用，从而使自然万物得其所宜。马克思曾指出：人类的生产实践表现为自己生命的生产（通过劳动）和他人生命的生产（通过生育），生命的产生由此表现为双重关系，一方面是自然关系，另一方面是社会关系。《易经》正是从天人关系、群己关系、身心关系建构起其系统完整的生命哲学。

《易经》中的"生生不已"观念充分反映了传统文化固有的生命力和创造精神。生命之美的最高形态，是创造之美，其具有刚健有为的创造能力和进取精神。

（三）　生命之美体现在圆融的境界

《易经》认为阴阳两气相交而化生万物，以流动为变化的形态，其内在是"和"的精神特质，外观为"形态的圆润"。《易经》描述的这种圆融境界，体现了中华文明中的大圆之美、圆满之美、团圆之美。这一审美理念后来体现在中国传统节日中家人的团圆、亲人的团聚和民族的大团结，也体现在文学作品中的喜剧结尾，表现了历经磨难之后的成功喜悦。

（四）　生命之美表现为气韵之美

《易经》非常重视对"气"的概括，认为生命就是阴阳两气相交的产物："柔上而刚下，二气感应以相与。"（《易经下·咸》）又说："天地感而万物化生，圣人感人心而天下和平。"这种"感"既是物质的，又是精神的。这种美是在运动中产生，在流动中呈现。在这种理念的影响下，中国美学强调审美创造，讲求"气韵生动"，以"风神骨气"为上，王夫之认为："自然之华，因流动生变而成其绮丽。"中国艺术总是以生机为运，强调生在万变、灵气奔会、活泼玲珑，以见氤氲流行之美。

（五）生命之美表现为刚健、笃实、辉光

《易经上·离》："刚健笃实，辉光日新。"意为下刚健而上笃实，光照增辉并且日日更新。这里讲的是生命的精神状态和心理状态。

第一是刚健。《易经》的乾卦，表现的是刚健的、奋发向上的精神状态，保持着生命的活力，充分体现了生命应当具有精、气、神。人假如没有了精、气、神，也就没有了魂魄，没有了魂魄的生命无异于行尸走肉。人活着必须有灵魂的主宰，有了魂魄会焕发出高贵的气质、坚毅的意志和昂扬的斗志。《易经》指出的这一精神与今天我们提出的体育精神"更高、更快、更强"是一致的，与今天体育运动培养健壮的体魄目标是一致的。今天的体育就是通过对身体的锻炼，培养自强不息的刚健精神，不断实现自我超越。

第二是笃实。这是一种处事风格和作风。笃实从内在看，是一切从实际出发，是坚持实事求是的思想路线；从外表看，表现为诚实、脚踏实地、勤奋扎实；由此决定了人格不漂浮，给人以可靠、信赖的感觉。

第三是辉光。这包括两个方面的意思。一是乐观向上的心态。乐观向上是《易经》的总基调，将"生"作为自然宇宙与社会人生合一的结合点，对现实人生始终抱着纯真而乐观的审美态度，一部《易经》很少提到一个"死"字，更没有讲什么是痛苦。正是由于执着向往"生"的追求、"生"的伟大，而表现出豁达而潇洒的人生态度。在人生的过程，《易经》虽然在"屯"中揭示了初生的困难，也揭示了生命的强大力量。虽然揭示了人生中有"坎"，但也指出了只要坚定刚毅，没有跨不过去的"坎"；虽然揭示了人生会碰到种种的不顺利，这就是"否"，但也指出了不必灰心丧气，要坚信"否极终泰来"，正所谓"山重水复疑无路，柳暗花明又一村"。二是要过快乐、幸福的人生。《易经》的豫卦讲的是观怡之道。《易经上·豫》中说："由豫，大有得；勿疑，朋盍簪。"意思是说，别人依赖他获得快乐，大有所得；不用怀疑，朋友会像头发聚拢在簪子处一样聚合。朋友相聚，分享快乐，这样才能真正地惠及朋友，真正令自己开心愉悦。兑卦，同样强调快乐的人生。《易经下·兑》："兑，说也。刚中而柔外，说以利贞，是以顺乎天而应乎人。"兑，即喜悦的意思。内心刚健外表柔和，怀着喜悦的心情守于正道，所以可以顺应天道，并且应合乎人心。

快乐的人生建立在健康身体和心情愉悦的基础上，也即只有健康的身心，才有快乐的人生。什么是最终的善或最高目的呢？古希腊哲学家亚里士多德回答是"幸福"。在他看来，幸福是人最高理性的行动，它将由理解性的规范行为原则所指引。亚里士多德指出："……符合其自身美德的活动，将是完满的幸福……对于人，符合于理性的生活就是最好的最愉快的生活，因为理性比其他任何的东西更加使人是人。"因此这种生活就是最幸福的。

一个人，生活和生命的质量，主要取决于是否幸福，有一定的物质基础是幸福的前提，但有钱、有名、有地位并不能与幸福画上等号，幸福是一种主观感受，幸福是建立在一定物质基础上的精神愉悦，人的天性是舒展和自我价值的实现以及生命能量的充分释放。

心情愉悦也是一个人长寿的最大秘诀。世界各国长寿地区的人种、气候、食物、习俗各不相同，有的甚至与我们常讲的健康之道背道而驰，如有的长寿老人嗜烟酒、喜肥肉，但有一点却是相同的，即长寿者都乐观开朗、心地善良、为人随和。

《黄帝内经·素问·举痛论》："百病生于气也。怒则气上，喜则气缓，悲则气消……惊则气乱，劳则气耗……"所以要使"气畅""气顺"；相反，"气结""气郁"必然生病。现代医学发现癌症、动脉硬化、高血压、消化性溃疡、月经不调等疾病大多与心理的压抑有关，因此这类病被称为身心性疾病。为什么"快乐"是最好的"药物"？这是因为人在快乐的时候，大脑会分泌多巴胺等益性激素。益性激素让人心绪放松，产生快感，使人的身心都处于舒服的良好状态，使人体各机能互相协调、互相平衡，促进健康。

"辉光"要求我们有积极的生活目标，乐观开朗、心地善良、为人随和，过去事、未来事，一切放下，自在、快乐地生活。

第四是日新。日新首先是日新其德。孔子曾说："德之不修，学之不讲，闻义不能徙，不善不能改，是吾忧也。"意思是说，品德不能修养；学问不能讲习；听到义之所在，不能迁而从之；有缺失不能改正；这些都是我的忧虑。宋代朱熹认为，以上孔子所讲的四个方面，正是君子要学习的"日新之要"。这既是孔子对天下君子（学者）丧失"日新之要"之感叹忧虑，又是孔子自勉自励之言。

《礼记·大学》中说："苟日新，日日新，又日新。"就是要求君子每天都要修养，每天都要进步。唯恒对己之德、行、学存有缺憾，乃能日日反省，自我检讨，从而奋力上进。孔子之德高、学问大，正因为他时刻自新其德，以蓄养自己的道德光辉。知自身不足之忧患意识，乃是为人进取日新之动力。

日新还要日新其表。屈原《离骚》云："纷吾既有此内美兮，又重之以修能。扈江离与辟芷兮，纫秋兰以为佩。"前两句言自己既有缤纷的内在的本质之美，又有美好之才能，但如此还是不足，还必须用各种香草装饰自己。香草，美好芳洁之物，屈原常用此类香草寄托人格才能之美好芳洁。这表明屈原很注重修持、培养自己，以"日新"其德，使自己变得更加美好芳洁。

生命教育是最基本的教育，生命对一个人来说是最宝贵的，没有生命其他的都会落空。生命教育的目标是培养人热爱生命、珍惜生命、敬畏生命、维护生命的意识。生命教育的内容包括两个方面：一个是身体健康，重视体育活动，培养强壮的体魄；另一个是心理健康，这是当下值得关注的问题，如学生存在焦虑、抑郁、浮躁的心理和情绪，则需要疏导和宣泄。生命教育要让学生懂得珍惜自身生命，对生命有责任心，进而能够珍惜他人，珍惜天下万物的生命，并从中享受生命过程的乐趣。

五、《易经》的美学精神对当今美育的启迪

《易经》系统地阐述了中国的美学精神、美学追求和美学风格，为今天我们开展美育提供了丰厚的资源和科学方法，值得借鉴。

（一）"美育"要从提高感性能力、提高情商出发

《易经》在咸卦中强调的是对天地的感知和人与人之间的心灵感应，讲的是"天地合一""人我合一"。审美教育以培养理性与感性相统一、具有健全人格的人为基本宗旨。其本质是以人文艺术为主要途径的感性教育和价值教育，是丰沛人们的情感与心灵以及创新思维的重要源泉。特别是"情"与"趣"的培养使人更加珍惜

亲情、爱情、友情、家乡情、山水情、国家情，更加富有志趣、乐趣、理趣、智趣、情趣。

（二）"美育"要以美化心灵，即心灵教育为终极目标

美育不仅是心灵的教育，而且是技能的教育。美育不只是教人知识，更是教人认识生命的价值，培养他们发现和体验人生意义的智慧，培养他们脱俗的精神气质，进而有能力创造新的生活。这既是审美的培育，修养的培育，也是德行的培育。

美育要把塑造"心灵美"放在首位。美育的内涵，应该超出知识和技能的传授，它的目标是引发心灵的自由和创造，引发心灵的净化和升华，养成和谐的人格和完满的人性。按照王夫之的阐释，就是生命力和创造力的勃发，就是灵魂的觉醒，就是对人的精神从总体上产生一种感发、激励的升华的作用，使人成为一个有志气、有见识、有作为的心胸开阔、朝气蓬勃的人，从而上升到豪杰、圣贤的境界。心灵美，精神美本质上是一种爱，对生命的爱，对人生的爱，对父母师长的爱，对花鸟草木的爱，对祖国山河、人类文化、宇宙万物的爱。这种爱，造就了精神的崇高。

（三）美育要注重真、善、美的相互贯通

坤卦的"卦辞""象辞"都谈到"含章可贞"，含，为包含。章，为华美。这是把才华隐藏起来，可以守持正固。坤卦六之阴居阳位，犹如内含刚美而不轻易表露。"刚"是内在的东西，即真和善。"章"则是外在的表现，是美的彰显。《易传·文言·坤》："君子黄中通理，正位居体，美在其中，而畅于四支，发于事业，美之至也！"这段话，充分地揭示了美之至的内涵：首先，美之至是以美质中和为核心，这是善；其次，美之至是以通达文理为基础，这是智；最后，美之至畅流于四肢，发挥于事业，这是美。

审美教育，以培养理性与感性相统一的人作为基本宗旨，其本质是以自然、科学、艺术、人文为主要途径的感性教育、价值教育、情趣教育、人格教育、心灵教育，是科学的求真原则和人文的求善原则相互融合的新兴学科。

审美教育，既是自然教育、艺术教育，又是情操教育、心灵教育，也是丰富想象力和培养创新意识的教育，是创造和享受诗意人生，回归人的本原，回归人的精神家园，超越小我、自我，是提升人们的审美素养、陶冶

情操、温润心灵、激发创新活力的重要途径。为此，美育不能把德、智、体、劳孤立起来，分割开来，而是要融会贯通。具体来说要从如下几个方面去体现：

一是以美养性。"以美养性"的"性"既指感性，又指理性。养性是修养心性，是致力于人性的和谐健康发展，因此它不只是关注感性，也不只是发展理性。在现代科技社会，工具理性或科技理性已经过度膨胀，许多人迷信"科技万能"，使人丧失了充沛的情感和自由的灵魂。因此，用美育培植心灵的自由和创造能力、感性能力，具有重要的现实意义。我们要用美育让人们有丰富的心灵和细腻的情感，让教育走出只有枯燥的公式的理性世界，从而扩大生活视野，提高生命境界和生命质量。

二是以美启真。也叫以美启智，即培育理性、提高思维与认知能力。真，就是从客观世界的运动、变化、发展中表现出来的客观事物内在的规律性。有科学家认为爱因斯坦的广义相对论，是推理思维威力的最佳典范，是物理理论中最美的理论。美育虽本身不是求知行为，但可以为求知行为准备主体条件，即促进人的观察能力、认知能力等，训练提高人的智力，从而为人类对真理的追求之旅开辟新空间，提供新思考。人们正是通过对自然美、人文美、艺术美的欣赏，在得到精神的愉悦的同时，知晓历史、亲近自然、了解社会，获得了自然科学和社会科学的知识。许多科学家不但有深厚的科学素养，而且有人文素养，他们都十分注重美学和艺术修养。如爱因斯坦终生喜爱小提琴，认为世界是由两种符号——数学符号和音乐符号组成的。的确，艺术可以让人们去发现世界所具有的微言大义。因此，包括艺术教育在内的美育，可以激发人们发现真理的灵感，开启智慧，提高悟性。

　　三是以美导善。善，是人的本质力量的感性呈现。美育可积淀人的德性、发育人的爱心，具有明显的伦理学价值。内化美的精神而产生的情感也易于升华人的心灵和境界。因此，美育是仁爱的觉悟和生发，可培植人类对世界的爱以及对一切生灵的善感，超越功利境界，愉悦精神，转换精神气质。美育对社会道德教化和个人德性培养具有重要作用，如自然美育，它可以开阔人的心胸，扩大人的视野，提高人的情操。艺术美育，让接受者接近艺术，热爱艺术，在潜移默化中净心向善。艺术对丑的鞭挞和对美的讴歌具有异常动人的感染力量，这是培养人们自觉道德意识的有效载体。

为此，我们要牢记美育的宗旨，是以美育人、以美培元、以美修身、以美养性、以美启智、以美铸魂，让人们在自然中发现美，在文化中鉴赏美，在情感中升华美，在实践中创造美。美育不仅是培养艺术修养，更重要的是培养健康人格，培养大的格局、高雅的情趣、高尚的道德、高远的理想。

我们要牢记"美育"的主要任务是培养高雅情趣，提升人生境界和生命境界。蔡元培先生认为：美育之目的在于陶冶活泼敏锐之性灵、养成高尚纯洁之人格。"美育"的主要任务是提高人的情商，通过提高审美情趣，提升生存意趣、生活情趣、生命质量和人生价值。

要坚持把提高审美能力作为落脚点，要致力于提高人们的审美感受、审美观照、审美感情、审美趣味、审美理想，进而提高人们的观察能力、感知能力、想象能力、鉴别能力、感悟能力和创造能力，提高综合素质和综合能力。

（四）拓展美育的内容和领域，实践"大美育"

《易经》讲的美育是一个"大美育"的概念，提出了自然之美、道德之美、艺术之美、人文之美、生命之美等范畴，其目标是培育人具有高贵的精神、高尚的道德、高雅的情趣。时下，人们把美育仅仅等同于艺术教育。诚然，艺术教育是美育的主要内容，但不是唯一的内容。美育的内涵应当随时代的发展而变化，在当今科技日新月异的新时代，科学美育也是不可缺少的内容。其实自然科学中的各个学科都具有丰富的资源。美，建立在真的基础上，真与美互相渗透，这就要求美育注重融合性，促进人文、艺术、科学的跨学科、交叉学科的融通，特别要注意"五育"的贯通和学科的贯通，形成"大美育"的格局。蔡元培先生指出："而美育之范围，亦随以俱广。例如，数学中数与数常有巧合之关系。几何学上各种形式，为图案之基础；物理、化学上能力之转移，光色之变化；地质学的矿物学上结晶之匀净，闪光之变幻；植物学上活色生香之花叶；动物学上逐渐进化之形体，极端改饰之毛羽，各别擅长之鸣声；天文学上诸星之轨道与光度；地质学上云霞之色彩与变动；地理学上各方之名胜；历史学上各时代伟大与都雅之人物与事迹；以及其他社会学科上各种大同小异之结构，与左右逢源之理论；无不于智育作用中，含有美育之原素，一经教师之提醒，则学者自感有无穷之兴趣。其他若文学、音乐等之本属于美育者，无待言矣。"(《美育人生：蔡元培美学精选集》) 蔡元培先生提出了学科美育的概念，把学科的知识与人的全面发展联系起来，大大地拓展了美育的内涵。如可以有数学美育，如数学的黄金分割率、圆周率、几何公式定律都有美的元素。可惜这方面的研究普及还是太少，这是一个有待于开发的宝矿。

（五）尊重人们的认知规律和审美规律，寻找科学的美育途径

审美活动的终极目标是回归人的本真性，体现在两个层面：

一方面，它是一种超越式的存在。即超越私欲而达于"无私"，即挣脱生活中实际利益关系的羁绊，摆脱功利的境界；超越当下而达于某种高远与无限，即眼光、胸襟、感悟等，经历一种由近及远、由此及彼的积淀与升华；超越小我而达于大我，培育平等的对话精神，从而具备宇宙的胸怀和眼界。

另一方面，它是一种自由式的存在。审美是自由的，表现为摆脱物的束缚和摆脱心的束缚，也就是超脱、豁达，让精神进入一种发散性的自由翱翔状态。它是让理想照进我们的生活，给梦想一个可能；让生命焕发出能量和光彩，给自己一种超越，给自己一份自由，给自己一个可能，这便是生命美学的意义。

美育要遵循审美规律。一是发现美：有独特的视角，有崭新的发现，防止笼统地停留在概念上。二是感知美：运用好"五觉"，即视觉、听觉、嗅觉、触觉、心觉去感悟美。三是鉴赏美：对美的根源的深入分析，是回答为什么美。四是升华美：培育思想力，提高人文精神，开拓人生境界和道德情感，这是每一课的落脚点。五是创造美：突破传统的思维定式，培养动手能力，用想象、联想去开拓思维。在这一审美历程中要经过五个环节：①发现美，是要有一双发现美的眼睛。世界处处有美，缺少的是用眼睛去观察，用心去发现。在这一环节，主要是引导学生去发现，让学生去思考、去回答。②感知美，这是从表层的发现进入深层的"五觉"的感知，侧重于对美的根源的分析。揭示和分析表面的形态的美来自何处，从视觉进入听觉、嗅觉、触觉、心觉的灵感的体悟。③鉴赏美，是调动一种感性能力，是从自然境界（物境）到艺术境界（艺界）的超越，是对学生想象力的提高。这是目前普遍存在的突出问题。如问："水融化以后变成了什么?"回答："水"，这是对自然现象的回答。但如果回答是"春天"，这是艺术的回答，审美的回答。这是从抽象转化为艺术想象。用诗歌、绘画、舞蹈、音乐以及各种艺术形式去呈现鉴赏美，类似于诗歌创作中的"赋、比、兴"，这是对自然形态向艺术的转化。④升华美，是从艺术审美到人文精神的塑造，从物象到艺象的超越，是思想境界、人生境界、生命境界的提升，是感性与理性的融合，如醒狮的动作雄浑豪迈、"四合院"的中和端正等。⑤创造美，是审美教育的落脚点。通过前面的五个环节，激发学生的想象力、创造力，创作一个作品，如文章、诗词、歌曲、戏剧等，知行合一，创新创造，这就是实践品质的体现。

美育要坚持"实践的品格"。美育需发挥人的主体性，创新方式和路径，探索新方法。主要方式有：

一是体验式的教育。对美的感知，因人而异。美育有其独特的方式，主要是运用感悟性、参与性的审美心理和行为作为途径和方法，应是浸润式的教育，不是单纯的理论灌输，不是书斋式的讨论，而是在实际的场景中去体悟，指向人的自动参与、自觉体悟、自我升华，应当让学生走出课堂、走出学校、走向社会，走向创造性心灵和激发情感的场景，走向当代社会生活的现场，走向中华文明的发生地和实践地。人们的审美心理和行为是从单一走向复合，经历了学、思、践、悟的阶段，其审美的历程是发现美—感知美—鉴赏美—升华美—创造美。在这一过程中，实践是不可缺少的环节，起着重要的作用。因此，要倡导开放式、沉浸式与实践性相结合的教学模式，要把学习、感悟、实践、创造融为一体。

二是开放性的教育。"实践的品格"体现了美育的开放性、研学性，体现了以学生为主体的教育，这是以课堂内外相结合、以课外为主的教学方式，以大自然为课堂，以社会为大舞台，最大限度地运用时代发展、地域的美育资源，形成家校社共育、共建的美育空间。同时，这个课程在时空上是开放的，一堂课可以是一个月、两个月，也可以是一个物理空间、心理空间、美育思维空间，它是广大和开放的。

三是自主性的教育。以教师为主导、学生为主体，更多地让学生自觉、自主、自动地去拥抱美，沉浸式、体验式、实践式地去感悟美、创造美，着眼于观察力、鉴赏力、想象力、思维力、创造力的提升。

四是融入式的教育。融入式的教育主要是全学科融合，是一种结合"五育"的培养目标，运用文艺传播的实践经验与科研成果，融合各学科进行关联学习，帮助学生从感性认识、归纳概括到启发思辨、创新发展的认知过程。基于以上的认识，高校的美育课应当采取研学的形式，以社会为大课堂，把学、思、悟、践融会贯通起来。研学是一种跨学科、跨地域、跨时空的教育，是一个导学、展学、行学的过程，是"活动"的形式，既"活"又"动"，适应青少年的认知特点，研学是思维的拓展、智慧的开发、审美的体验和思想的升华。研学是一种探究性、体悟性、创造性的教育。研学，研在前，学在后，研与学一体化，是《易经》倡导的"穷、通、变、久"的学习方法，鼓励学生去思考、去探究、去创作，为学习提供了一个更广阔、更自由、更有挑战性的空间。一次成功的研学活动，可以给学生留下终生难忘的记忆和体验。研学是一种自主、自在、自觉的教育。

研学突出学生的主体地位，让学生深入一定的生活场景中去发现、去鉴赏、去体悟、去创作，使人我合一、物我合一，有利于激发学生的学习兴趣、学习动力、观察力、想象力和创造力。

第五讲　亲爱和谐，各安其位的齐家之道

家庭是人生启航的地方，是孩子成长的摇篮，是孩子生活的第一场所。家庭教育是人才培养的奠基工程。家庭教育与学校教育、社会教育构成了现代化教育的三大工程。这三大工程中，家庭教育是国民教育的重要组成部分，是基础教育的基石。家庭教育是幼儿教育的起点，是教育这座高楼大厦的地基，也是教育这棵参天大树的根本。

中国历来重视家庭教育，把家庭教育作为孩子成长的基础性教育，留下了如"子不教，父之过""人生至乐，无如读书；至要，无如教子"等古训，一些富贵之家力图用良好的家教，造就良好的家风，走出"富不过三代"的怪圈。

蔡元培先生在《中国人的修养》里说："家庭者，人生最初之学校也。一生之品性，所谓百变不离其宗者，大抵胚胎于家庭中。"

有人说，一个民族、一个国家的竞争，说到底是家长的竞争。家长的素质、修养决定了孩子的品质和未来。

众所周知，我们许多岗位的员工必须经过学习、考核达标了以后才能发上岗证，这是他们胜任某项工作的证明。遗憾的是，家长未经考核便能"上岗"。许多人成为家长以后，往往对孩子既不会"养"，也不会"育"，更不会"教"。对家长来说，"养育"两字看似轻松，实则沉重。有些家庭正因为家长不懂，不会教育孩子，而使孩子走了弯路，甚至走上邪路，留下了家庭之痛、家庭之悔、社会之害。为此，培育和造就合格的、优秀的家长是时代的课题。

党的十八大以来，习近平总书记多次在不同的场合强调要加强家庭教育、家风建设。

2013年10月31日，习近平总书记在同全国妇联新一届领导班子成员集体谈话中指出："千千万万个家庭的家风好，子女教育得好，社会风气好才有基础。"

习近平总书记关于注重家庭、注重家教、注重家风的系列讲话，传承和弘扬了中国家风家教思想，着眼于国家富强和民族复兴的未来，表达了千千万万个家庭的心声。

中国的家教文化源远流长，《易经》是最早系统地讲家庭教育的经典。在《易经》家人、归妹卦，以及《系辞》《象辞》中，论述了家庭教育的意义、内容和方法，今天仍然有启发意义。

一、家，是人生的第一所学校

家，是人生的港湾和加油站，是每一个人心中最后的城堡，是疗伤、化解忧愁的地方。《易传·序卦》："伤于外者必反于家，故受之以家人。"这是说在外面受到伤害，必然会返回到自己家里。家人卦阐明治家的道理。家是人们最基本的生活单位，家是人生的加油站，更是疗伤之地，因为亲情的抚慰是最好的药物。

对于女人来说，家是她的世界，尤其在古代，家更是一个女人生命的全部；而对于男人来说，世界很大，男子汉要敢于去闯世界，要志在四方，去外面打拼。但是，家是生命的加油站，补充能量以后再出发；家是生命的庇护站，疲惫时，家给你安慰；寒冷时，家给你温暖；无助时，家给你帮助。在人生的舞台上，每个人在社会的舞台上表演，而家则是后台和宿营地。

家，是每个人的"安乐窝"。成家立业是人们具有标志性的事件。成家，即组成了一个家庭，建立了以亲情为纽带的家庭关系。从此，家，成为一个安全、安心、快乐的地方。这个地方既是物质生活的基本单元，也是精神、情感生活的基本单元。

德国学者黑塞说："家庭不单是身体的住所，也是心灵的寄托处。"爱默生说："家庭是父亲的王国，母亲的世界，儿童的乐园。"冰心说："一个美好的家庭，乃是一切幸福和力量的根源。"

家，是一个有"爱"的地方。没有"爱"的家叫房子。没有"爱"的人，是一个精神的"流浪者"，是"漂泊者"。"家"是由男女双方因爱成家而组合形成的，是情投意合的结晶。有"爱"的家才有温情、温度、温暖，否则，就是一个冰冷的地方。为此，"爱"是家的一条纽带。作家谌容说："爱，像一颗种子埋在地下，爱的须根深埋在家庭的泥土里，延伸到家庭生活的每一个角落。"《易经》有一卦叫咸卦，"咸"通"感"，讲的是爱情是建立婚姻的前提和基础，建立在爱情基础上的婚姻生活才能长久。家因爱而富，因爱幸福。幸福的家庭离不开爱情和亲情。一个没有爱的家，是冷漠的，是没有温暖的。

家，是生命和血脉延续的地方。"家"字从"豕"，"豕"也即猪。古代人口的生产是第一位的，人的寿命比较短，人口的繁衍速度快，而猪与其他动物相比，繁殖能力强。用猪来寓意生殖能力比较强，人丁兴旺，体现了古人对生命、血脉的传承，体现了对生生不息的追求和向往。"家"承担着家庭血脉的传承和社会人口繁衍的责任。

"家"关系到个人的成长、事业的发展和生活的幸福，关系到家庭的兴旺、生命的延续，关系到中华民族的未来。

家风家教对一个人的人生态度和精神风貌有着重要影响，好家风所承载的好品质、好能力可以在一代代子孙中潜移默化地相传。

一个好的家风，胜过千万名校。

中国历史上，有这么一个家族，它出过一个诺贝尔奖得主、两个外交官、三个科学家、四个国学大师、五个全国政协副主席、十八个两院院士。它就是被称为"千年名门望族、两浙第一世家"的江南钱氏。尤其在近现代以后，钱氏家族涌现出了一大批超一流的人才。比如在科技领域，"中国航天之父""中国导弹之父"钱学森，出自杭州钱氏；"中国近代力学之父"钱伟长，出自无锡钱氏；"中国原子弹之父"钱三强，出自湖州钱氏。比如2008年的诺贝尔化学奖得主钱永健，他是钱学森的堂侄。比如文学领域，则出现了钱玄同、钱穆、钱基博、钱锺书、钱仲联等大师级人物。

为什么钱氏家族能出如此多的杰出人才？这就不得不提钱氏家族的祖宗钱镠。

钱镠，五代十国时期吴越国的创始者。他在位时，曾作八训，用于训诲子孙后代，后来进一步扩充为遗训，作为钱氏子孙立身处世的准则，并且严令子孙必须恪守，不得违背，如："子孙不忠不孝，不仁不义，便是坏我家风，须当鸣鼓而攻。"

千百年来，钱镠家训成为钱氏子孙后代行为的准则。家训塑造家风，而良好的家风则是钱氏家族兴盛不衰的最主要原因。

比如钱氏家族在文史领域出了很多大家，就是得益于钱氏家训中"子孙虽愚，诗书须读"这一条。钱家子弟，勤读成风。

杨绛在《我们仨》里记录道："有一段时间，他们的生活很贫困，家里没书可读了，钱锺书不知道从哪儿找出一本《新华辞典》读了起来。"杨绛觉得这也就随便翻翻，没想到钱锺书这一看，就是长达半年多的时间。

钱伟长的父亲去世很早，很多乡邻劝钱伟长的母亲，叫儿子早点去做手工，赚钱来补贴家用。但她十分坚定

地说："我就是再苦再累，也要让孩子读书，因为我们
钱家的家风和古训是这么要求的，我一定要为我们钱家
留下几颗读书的种子。"

自古以来，钱氏家族没有为子孙后代留下多少家财，
而是留下了自强不息的精神力量，以及修身自重的道德
规范。

从世族大家流传下来的家训、家书，到普通人家父
母长辈的一言一行，家训、家教的形式虽不同，但传递
的都是一个家庭或家族的价值取向。

二、家道正，天下定

《易经》最早提出了"家国一体"的观点。《易经
下·家人》："家人，女正位乎内，男正位乎外。男女
正，天地之大义也。""正家，而天下定矣。"家人卦的
卦象说，女子在家中居正位，男子在家外居正位；男女
在家的位置摆正了，天下阴阳的大义就昭明了。家道正
则天下就安定了。"家人"是指一家之人，也指家人相
处之道。《易经》在这里指出了齐家与治国的关系，齐
家与治国密不可分，治国必先齐家，齐家是治国的前提
条件。中国的传统伦理观，是从小家到家族，从家族到

家乡，再从家乡到国家，形成了一个相互依存的整体。那么，家庭教育的战略意义，大概可以概括为如下"三大工程"：

家风家教建设是孩子成长、成才的奠基工程。①家庭教育是源头教育，一个人童年时期养成的性格、品德和情感会影响一个人的一生。南北朝的颜之推说："教妇初来，教儿婴孩。"俗话说："三岁看小，七岁看老。"儿童的性格、品德、情绪具有可塑性、柔和性，是不必花太多的工夫就可以造就的，而一旦等孩子定型了就难以改变。发达国家有一个"零岁起跑线"计划，重视孩子的早期教育，其在这方面是有战略眼光的。②家庭教育是最经济的教育，早期教育是小投入、大产出的教育。早期的智力、物力的投入，胜于后期的投入。正如树苗粗壮，自然能长成参天大树一样。家庭教育是固本强基之策。③家庭教育是根本性教育。早期教育在一个人的一生中起着基础性的作用。儿童教育专家在研究中证实，0~7岁是孩子性格发展和塑造的关键期。0~3岁的营养和喂养、心理陪伴、阅读实践和运动对孩子的成长至关重要，应抓住这个关键时期，让孩子从小养成好习惯，形成好的性格，奠定思想之基、心理之基、品质之基、人格之基、体格之基。

　　家庭既是社会发展的"缩影"，也是社会现实的"风向标"，更是时代精神风貌的"显示器"。每个时期的社会转型与进步，都离不开家庭教育的支撑。然而，当前我国家庭教育存在一些"盲区"，带着实用性、功利性的浓厚色彩，存在"四多四少"的问题：即知识传授多，德性修养少；生活关心多，心理指导少；硬性灌输多，启发诱导少；期望要求多，因材施教少。做一个合格的家长说起来容易，做起来却很难；做一个优秀的家长，更是一件具有挑战性的事业。"望子成龙，望女成凤"是每个家长的共同心愿，但家长必须懂得家教之道，必须具有科学的理念和正确的方法，这就需要广大的家长和全社会形成家风家教奠定人才基础的共识，为孩子的成长、成才提供一个良好的氛围。

　　家风家教建设是家庭人际和谐的幸福工程。《易经》最早提出崇德向善的家教价值取向。《易传·文言·坤》："积善之家，必有余庆；积不善之家，必有余殃。"好家风就是家庭的隐形财富，会带来用不完的喜庆；相反，则会累及子孙，带来连续不断的祸殃。《易传·系辞下》："善不积不足以成名，恶不积不足以灭身。"托尔斯泰说："幸福的家庭都是相似的，不幸的家庭各有各的不幸。"这个不幸的根源往往在于家风不好、家教失范。许多家庭出现的夫妻反目、兄弟不和、虐待长辈等现象，追根溯源无不与家风有关。俗话说："一门好家风，三代好儿郎。"好家风是造化一代好子女的必备条件。《红楼梦》就是很好的家风教科书。"四大家族"的衰败有其社会根源，但最重要的根源是其家风不正，贾府中的贾母养尊处优，每天都在吃喝玩乐。贾府中的公子，贾珍沉迷于"炼丹"，贾赦、贾琏痴迷于吃喝嫖赌，贾政则庸碌无为。贾府的教育方法更是走向极端，贾政对宝玉是"棍棒教育"，贾母则是"溺爱教育"，这样，这个繁华的家族终于走向了衰落，走不出"富不过三代"的怪圈。一个幸福的家庭是以夫妻恩爱、亲子和谐、子女成长作为标志的。在现实生活中，有的家庭孩子出现误入迷途的现象，不能不说是令人痛心和遗憾的事情。

积极心理学之父马丁·赛格里曼在他的著作《真实的幸福》一书中强调："真实的幸福来源于优势和美德。"也就是说，孩子真正的幸福来自他的兴趣、爱好和特长以及良好的美德。只有建立在每个家庭成员的长处和美德基础上的幸福才是最稳固的。家风家教建设可以让家中有爱、家中有情、家中有礼、家中有艺，为幸福的家庭奠定道德基础和文化基础。

家风家教建设是实现中华民族伟大复兴的未来工程。《大学》说："古之欲明明德于天下者，先治其国；欲治其国者，先齐其家。"儒家主张把齐家作为治国的前提。又说："所谓治国必先齐其家者，其家不可教而能教人者，无之。"意思是说，所谓治理好国家，首先要管理好家庭，这是因为自己的家人都不能管好而能管理好别人的事是没有的。家风家教不仅是个人的事、家庭的事，也是社会的事、国家的事，孩子的素养决定了民族未来的素养。习近平总书记2016年12月12日在会见第一届全国文明家庭代表时指出："家风是社会风气的重要组成部分。家庭不只是人们身体的住处，更是人们心灵的归宿。家风好，就能家道兴盛、和顺美满；家风差，难免殃及子孙、贻害社会。"家庭是社会的细胞，家庭和睦则社会安定，家庭幸福则社会祥和，家庭文明则社会文明。每一位家长都应秉持"每个孩子都是独一无二的可造之才"的理念，树立"为国家育儿"的使命感。梁启超先生讲"少年强则中国强"，实现"未来百年强国梦"，希望在年青一代。从这个意义上看，家风家教建设是实现中华民族伟大复兴的未来工程。

三、好家风、好家教以"相亲相爱"为纽带

好家风，是家庭教育的核心。那么，什么是家风？"家风"一词较早见于魏晋南北朝，唐以后大量使用。东晋玄学家袁宏说："有家风化导然也。"家风的作用在于"化导"，即教化和引导。古人把家风教育作为儿童的启蒙教育，如"少习家训，长得名师"。古人多以清白形容家风，如柳宗元说："嗣家之清白。"又说："由来清风是家风。"

家风也叫"门风"，家风是一个家庭或家族在长期的繁衍生息中，经过培育、代代相传下来的，体现了家族成员的精神风貌、道德品质、文化风格、生活方式和生活习惯。家风是融化在我们血液中的气质，是沉淀在我们骨髓里的品格，是我们立世做人的风范，也是社风民风的根基。《格言联璧》中说："勤俭，治家之本。和顺，齐家之本。谨慎，保家之本。诗书，起家之本。忠孝，传家之本。"中国传统家风的核心价值是：仁爱、亲情、孝道、礼敬、乐群、爱国。

　　《易经下·家人》："王假有家，交相爱也。"意为：君王有个大家，人人都能相亲相爱。夫妇相亲相爱、平等互敬，家风因此端正；家庭和谐，人心因此凝聚。由小家到大家，天下父子兄弟夫妇都能"交相爱也"，国家就成了一个幸福的大家庭。

　　家庭是以感情作为纽带的，需要以物质为基础，但又不是只讲物和钱的地方，更多的是讲"爱"的地方。

　　那么，什么是真正的"爱"？我们且从汉字"爱"的解读说起。

　　"爱"的核心是心心相通，心心相印。繁体的"愛"字，居中有个"心"字，寓意"爱"是一种心灵的感受，"愛"需要发自内心，"愛"不仅是语言上的，更要用心去体验。很可惜，简化后的"爱"少了个心字，爱无心，少了表达"爱"最具核心的内涵。爱是心理感受，是"心有灵犀一点通"、一见钟情和心灵感应。当一个人产生爱以后，它总是悄悄地留在心里。在中国古代这样的爱情故事是很多的，比如西汉的司马相如和卓文君，他们郎才女貌，互相倾慕，毅然私奔。《西厢记》里的崔莺莺与张生在寺里一见钟情，冲破重重阻碍，相亲相爱。爱以心为核心，这个心是倾慕之心、崇敬之心、相悦之心，心不在了，爱也没有了。

"爱"的本质是给予、付出，也是收取、获得。"爱"字上面是"爪"，中间为"冖"。"爪"，即手，寓意用手去维护；"冖"，就像给人一座坚实的房子，给予庇护。这寓意真正的爱是一种主动的付出，是一种不图回报的行为。父母对子女的爱，往往也是这样。

"爱"是彼此友好，和睦相处。简化后的"爱"字，有一个"友"字。"友"的古字为两手相握形，意为爱应该是人与人之间的情感交流，既是知心，又是知音；既包含着亲情，又包含着友情。因此，有长久的爱情是友情之说。周恩来总理曾经讲过，和谐的夫妻关系要互敬、互爱、互信、互勉、互助、互让、互谅、互慰，称为"八互"。东汉梁鸿与孟光"举案齐眉"，就是一个互敬互爱的例子。孟光倾慕梁鸿，他们不但同甘共苦，而且相敬如宾。梁鸿种地，孟光织布，每当梁鸿回家的时候，孟光就托着放有饭菜的盘子，恭恭敬敬地送到梁鸿的面前。为了表示对丈夫的尊敬，她不能仰视他，并且每次总是把盘子托得跟眉头平齐。梁鸿也总是很有礼貌地用双手接过盘子。这就是说，同在一个屋檐下生活，一定要相敬才能相爱。在日常生活中，爱情有"七年之痒"，往往由于时间长了，激情也会消失，但友情会历久弥新，友情是对爱情的一种补充。恋人之间，只有相互理解、相互信任、相互尊重、相互守护，爱巢才能坚固，爱情才能升华。

"爱"的内容可以概括为"五个方面"，即对长辈的"敬爱"、对晚辈的"慈爱"、对伴侣的"恩爱"、对亲人的"友爱"、对祖国的"热爱"。对祖国的热爱是从"小爱"上升为"大爱"，培养的是"家国情怀"。

对一个人来说，是否有爱、善爱，是一个人情商高低的表现。今天，家庭的幸福关键在于提高个体"爱"的能力。怎样才能提高"爱"的能力呢？

首先，我们对"家"要有一个全新的认知。一方面，家是一个讲钱但又不是只讲钱的地方。家要有一定的物质基础，如解决衣、食、住、行等问题，但又是心灵的栖息地和情感交流地，情比天大，情义无价。过去说"贫贱夫妻百事哀"，但今天家庭的许多问题反而是富裕之后带来的。不正确的金钱观会腐蚀爱情、亲情、友情，为此，不能用金钱作为唯一标准去处理家庭关系。另一方面，家庭是讲理的地方，但有时又不是只讲理的地方。比如"等价交换"，有的时候在家里是行不通的，在家里不能得理不饶人。

其次，要提高爱的表达能力。许多人有"爱"之心，但不善于表达、运用。表达爱，要做到五个方面。一是要学会赞赏和感谢。不能认为家人为你做的一切都是天经地义的。赞赏是对他人付出的肯定和鼓励，对家人也不要吝啬赞赏。二是要学会包容。爱一个人既要欣赏他的优点，也要包容他的缺点。这个世界上没有完美的人，一个情商高的人，是可以包容不完美的人的。爱是相互之间取长补短和包容对方的缺点。三是要学会妥协。在家庭中难免有磕磕碰碰的事情，有时不能寸步不让，有时妥协是一种智慧，是一种选择，要懂得给人台阶下。四是要学会批评。家人的批评是最大的关爱和最好的提醒。但批评也要讲究方法、艺术，防止伤害他人的自尊心。五是要减少抱怨和唠叨。抱怨是一味"毒药"，为他人做好事，本身就不能求回报，要"知恩必报，施恩不记"；唠叨的"叨"字，是说"口"是"一把刀"，过多的唠叨耗气又伤感情。要记住凡事不要讲超过"三遍"，即"事不过三"。

四、好家风、好家教以"孝道"为基础伦理

《易经下·萃》："王假有庙，致孝享也。"意为王到

家庙享祀，是孝的行为。《易经》提倡孝，子女不仅要孝顺父母，推而上之对祖先也要孝敬。孔子认为"孝"是仁之本，仁是义、礼、智、信之基。中国家风的主要内容就是一个字——"孝"，即中国"孝"道。这与西方的家庭观念有截然不同。

清代名臣曾国藩曾经总结过家庭兴衰的规律，这个规律是这样的：

仕官之家：子弟习于奢侈，繁荣只能延及一二世；

商贾之家：勤勉俭约，繁荣能延及三四世；

耕读之家：淳厚谨饬，繁荣能延五六世；

孝德之家：入以孝悌，出以衷信，延泽可及七八世以上。

从这个规律可以看到，孝道是传家、兴家、旺家的根本，延泽的时间最长。

孝道作为中华美德的一个独特标志，是中国传统美德形成、完善和发展的源头，是维系人伦关系的纽带，也是中国好家风的核心内容。孝道作为一种传统美德，源远流长，内涵丰富，发挥着净化人的心灵、规范人伦关系、稳定家国秩序、促进社会和谐的功能，在新时代越来越为人们所认同、所践行，成为构建社会主义新型道德体系的内容，特别是构建家庭伦理的基础。

孙中山先生说："讲到孝字，我们中国尤为特长，尤其比各国进步得多，孝经所讲究的孝字，几乎无所不包，无所不至。""国民在民国之内，要能够把忠孝二字讲到极点，国家才自然可以强盛。"(《三民主义·民族主义》，见《孙中山选集》下卷)

在中国近代，孝道教育一直是中国人格修养的基本内容。

一个"孝"字联结了祖、父、孙三代之间的关系，体现了生命的代代相传。在中国人的理念中是"父亲养儿，儿养儿"，彼此之间有责任和义务。

在现代社会，社会环境和人的生活方式已经发生了变化，人们的生活空间扩大，生活节奏加快，生活压力增大，行孝的条件和方式也发生了改变。不管社会发生怎样的变化，孝道的本质和内涵是不会改变的。我们要根据时代的发展要求，履行适宜现代文明发展和现代人生活方式的孝道。家始终是社会、国家的细胞。而孝道文化，永远是维系家庭、社会健康发展的精神血脉。

《孝经·纪孝行章第十》对孝道的行为规范提出了具体的要求："子曰：孝子之事亲也，居则致其敬，养则致其乐，病则致其忧，丧者致其哀，祭则致其严。五者备矣，然后能事其亲。"这段话讲了"居、养、病、丧、祭"五个方面的孝行，概括起来包含着如下内容：

第一，孝最核心的精神是恭敬。

孔子说，孝不只是奉养亲人父母。孝有三个层面，而奉养父母是最低的层面。《礼记·祭义》提出：最高层面是"大孝尊亲"，尊敬亲人；其次是"弗辱"，不让父母遭受耻辱；最低层面就是，"其下能养"。因此有"孝子之至，莫于尊亲"的说法。

孝是发自内心的敬爱。孔子在《论语》中有许多地方讲孝。"子游问孝。子曰：今之孝者，是谓能养。至于犬马，皆能有养。不敬，何以别乎？"孔子说：现在的所谓孝，是指能够侍奉父母，就连犬马也都能做到。如果少了尊敬，又和犬马有什么区别呢？孔子在这里讲孝的核心是要有尊敬之心。

为什么孔子认为能够赡养父母只是孝的低层面要求呢？

孔子说出了一个非常简单又深刻的道理。如果只是养活父母，那这能叫孝吗？不能，因为这不和养狗、猫、马、牛、羊、猪等动物一样了吗？

比如今天我们养宠物，大家对宠物一片爱心，买饲料、给宠物洗澡，甚至还用上了宠物专用的沐浴露。天冷了，给它做一件棉衣，还定时陪着宠物溜达散步。宠物生病了，赶紧将其送至宠物医院治疗。有人这样尽心照顾宠物，还真赛过了照顾自己的老父母。但是仅仅以养动物的态度去对待父母能说是孝吗？显然不能。孝，不仅是养，还要尊重，要敬重老人。

孔子的弟子子夏也问孔子什么是孝。子曰："色难，有事，弟子服其劳；有酒食，先生馔，曾是以为孝乎？"孔子认为子女保持和悦的脸色是最难的。有事要办时，年轻人代劳；有酒食时，让年老的人先吃喝，这样就可以算孝了吗？孝顺出于子女爱父母之心，这种爱心表现为和悦的神情和脸色。要做到这一点比为父母做事与让父母吃饱穿暖要困难得多。

《礼记·祭义》中说："养可能也，敬为难；敬可能也，安为难；安可能也，久为难；久可能也，卒为难。"曾子认为物质的赡养是不难的，心存恭敬比较难；恭敬是可以做到，但让父母心安则比较难。这说明，使父母长久地安乐及有一个完美的终结是最为困难的。当下的许多人，让父母衣食无忧，吃饱穿暖是可以做到的。但往往面对父母唠叨以及生活的拖累，有时会表现出不耐烦、不高兴，没有好脸色。许多老人到了晚年，难免有病痛，有的还患了阿尔茨海默病，很多子女却往往做不到有和悦、耐心的态度。

当年，孔子在回答子夏关于孝道的问题时就哀叹过"色难"，指责子孙们对老人孝心不足，脸色难看。何曾想，几千年过去了，晚辈们对长辈依然"色难"，且有加重的趋势。也难怪，随着独生子女成为家庭的户主，他们一方面要承受社会竞争的压力，另一方面又要承担双方老人赡养的重任，真有点不堪重负，"色难"就更加难免了。一般来说，当今供养老人吃穿并不难，难在对老人的精神赡养上。其实，克服"色难"并不难。常回家看看，为老人端上一杯热水，陪老人坐坐，多一些问候，多一些笑脸——如此而已！

今天，人们把子女和颜悦色奉养父母或承顺父母脸色称为"色养"。

我们服侍父母，不顾辛劳，能够伺亲尽"色养"之孝，那么就由"食养"层面提升到"色养"层面了。

"恭敬"与"感恩"是互为表里的，是一种情感的积淀。在这个世界上，往往最无私、最宝贵的东西，却被当作最廉价的、最平常的东西，如阳光、空气和父母的爱等，但是这些往往被人忽视。

最亲近的人给予我们的是最多的，但往往被我们忽略了。"不敬其亲而敬他人者，谓之悖礼。"没有起码的孝道，不尊重自己的父母，你对别人再好，人家也不会相信你。因此，我们要从"孝"字做起，孝敬父母，进而关爱他人，忠于国家，成为一个知书达礼、礼敬他人的人。

第二，孝最可贵的是让父母享受精神的愉悦。

"养则致其乐"，意思是供养父母并使父母快乐。这是指精神的赡养、精神的满足。"孝"字音通"笑"，孝就是让父母笑口常开，舒心愉快。所罗门有一句格言："智慧之子使父亲欢乐，愚昧之子使母亲蒙羞。"子女给父母带来快乐，一般来说，应该是顺从、遂志。孔子在《论语·学而》中说："父在观其志，父没观其行，三年无改于父之道，可谓孝矣。"意思是说，观察一个人，要看他在父亲活着的时候选择什么志向，在父亲过世以后有什么行为表现。如果他在父亲去世后三年仍能按照父亲的志向去生活，就可以称得上孝顺了。孝与顺两个字是结合在一起的，孝是顺从父母的意志，并能按父母的愿望去发展。"致其乐"首先是关心和陪伴。对于年纪越来越大的父母来说，物质的满足并不是主要的，对大多数的父母来说，物质的需求不是很高，当今最缺的是陪伴、感情交流。许多子女或是远离他乡，或是工作繁忙，对父母的陪伴是很少的，"致其乐"就更谈不上了。其次是交流和理解。有空和父母说说话，交流学习、工作，这种情感的交流是当下父母最期待的。最后就是让老人感到"被需要"。可怜天下父母心，付出了一辈子，可是到了最后父母还是希望子女能接受他们的付出，这种"被需要"让父母有成就感。如香港艺人刘德华，不但唱歌、拍电影很不错，同时也是个"孝子"，着实令人钦佩。

第三，孝最难的是对父母的心理抚慰。

"病则致其忧"，意思是说，在父母生病时，要充分地表达出对父母健康的忧虑关切。孔子在《论语·里仁》中说："父母之年，不可不知也。一则以喜，一则以惧。"意思是说，父母亲的年纪，做子女的不能不记得；一方面为了他们得享高寿而欢喜，另一方面也为他们日渐老迈而忧虑。今天，父母的年龄也许很多子女能记住，但是父母的生日则大多记不住，祝贺父母生日快乐的并不多。但作为父母不爱子女的又有多少个呢？子女的生日他们铭刻在心里。因此，子女应当随着父母年龄的增长更加关怀、爱护他们。

第四，孝表现为在丧和祭上是哀伤和悼念。

"丧则致其哀，祭则致其严。"意思是父母去世时，要充分地表达悲伤哀痛；祭祀的时候，要充分地表达出敬仰肃穆。治丧、祭祀关键在于心怀悲痛和敬仰。这是一种内在情感的流露。如今，有些人却只求形式上的隆重，而丢掉了内心中的悲戚，讲排场，比阔气，薄养厚葬，其实是违背孝道的要求的。《孝经·丧亲章第十八》曰："生事爱敬，死事哀戚，生民之本尽矣，死生之义备矣，孝子之事亲终矣。"意为父母在世之日，要尽其爱敬之心，父母去世以后，要事以哀戚之礼。这样人生的根本大事就算尽到了，养生送死的礼仪也算完备了，孝子事亲之道也就完成了。

五、建设好家风、好家教要遵循五大基本方法

《易经》的家人卦，系统地概括了教子之方、教子之法，在今天仍然有借鉴意义。这些方法概括起来，有如下几个。

（一） 防患未然

《易经下·家人》："初九，闲有家，悔亡。"吕绍刚《周易辞典》解释此爻说："闲，防闲，如以栅栏圈住所蓄养之牛羊，不使跑掉。有家，初爻为一户人家的开始，故称有家。"闲有家，意谓治家要重于预防，防患于未然就不会产生悔恨。"闲"字从门，从木，本义会门栅栏之意，意思是防范、防御。《易经》在这里讲的是家庭应重视预防，预防是指防盗、防火，防止不良行为的滋生。

《易经下·家人》："闲有家，志未变也。"意为：在问题尚未出现时就加以防范，才能确保志向不会改变。女人嫁入夫家伊始，要注意家宅平安、防范风险；家道初立，注意筑垣门户以防盗贼、曲突徙薪以防火灾、男女有别以防淫乱；夫妇二人世界刚开始，注意约法三章以防不良习气的侵蚀；有了小孩要抓早抓小施以蒙正教育等，以上行为叫作"防患于未然、防恶于未萌"。

古人从关好门窗这个琐碎的小事说起，并将其作为第一条家规，意义非同小可，强调了家庭的安全，强调了家庭管理和维护的重要性。孔子说"志未变也"，指的是不改初衷，毫不松懈，治家要谨小慎微。它告诫人们，只有防微杜渐，勤勉持家、心存戒惧，才不会有悔恨产生。

（二）各正其位

家庭是一个生活单位，有其特定的伦理关系，每一个家庭成员都应摆正位置，找准自己的方位，明白自己所应充当的角色，承担在家庭中的责任，这样才能保证家庭的秩序，确保其能运转自如。

《易经下·家人》曰："家人，女正位乎内，男正位乎外。男女正，天地之大义也。"意思是说，家庭成员之间，女主人居正之位在内，男主人居正之位在外，这样男女主人在家庭内外各有其正当的地位，这是天地之间人们必须遵循的道理。在家庭中，夫妻关系是一个核心的关系，夫妻要各遵其位。

按《易经》所言，夫妇为家，男女分工合作，各守其分，相得成用、相交成器，这是生命各安其位、各随其性的表现，符合天地之大义。夫妻各安其位，家庭秩序顺，男女关系正，才是顺应天道，自然家道正。家道正，全家秩序自然就顺。各自居中得正，家庭自然吉祥和顺。

《易经》对夫妻在家庭中的"位"进行划分，主张男主外，女主内。这是从性别特征和优势而言的。

《易经下·家人》曰："六二，无攸遂。在中馈，贞吉。"意为：女主人主理一日三餐，照顾一家老小，操持家政和祭祀，恪尽职守，持家有方，家人满意，家道吉祥。这一点广东潮汕女性表现得十分突出，她们多是打理家务的能手，被公认为很贤惠的女性。

《易经下·家人》曰："六二之吉，顺以巽也。"顺，指柔顺谦逊；巽，指一心料理饮食家务；因此是"吉祥"的。当下常有人赞美"入得厨房，出得厅堂"的优秀女性。也有人说，要管住丈夫的"心"，先要管住丈夫的胃。妻子有厨艺，懂营养，对家庭成员的健康影响巨大。为人妻母者，千万不要小看下厨、烧菜这类平凡小事，这是家道祥瑞的兆示。

摆正好夫妻的位置以后，家庭中的各个成员也要各安其位。故说："父父、子子、兄兄、弟弟、夫夫、妇妇，而家道正。"这是说父亲像个父亲，儿子像个儿子，兄长像个兄长，弟弟像个弟弟，丈夫像个丈夫，妻子像个妻子，这样家道就端正了。家庭成员要各正其位，各守其责，找准自己的位置，做符合自己身份的事，说符合自己身份的话，不要越位、错位、缺位，更不能颠倒位置。《中庸》云："君子素其位而行，不愿乎其外。"
"在上位不陵下，在下位不援上。"它强调了一个严肃的
人伦秩序，是中国传统家庭观的重要体现。在一个家庭
中，每一个成员各正其位，各负其责，遵守规矩，必然
家庭和谐。

（三）宽严相济

《易经》认为齐家要宽严相济，首先要严字当头，
要立规矩，"教之以义方"，但也要把握好度，既是长
辈，又是师长。

《易经下·家人》曰："九三，家人嗃嗃，悔厉，
吉；妇子嘻嘻，终吝。"意为家教严酷，家长常常嗃嗃严
叱，但严管是爱，终得吉祥；家教不严，嘻笑作乐，家
人贪图安逸，最终没有好结果。

《易经下·家人》曰："'家人嗃嗃'，未失也；'妇
子嘻嘻'，失家节也。""嗃嗃"之声指严厉斥责之声，
比喻森严治家。《说文解字》："嗷，众口愁也。"由于管
家过严，家里人都吃苦不迭，这样难免伤情。但因此终
日乾乾、夕惕若厉，勤勉上进，终得吉祥，说明家节不
失，结果仍然是吉祥的。"嘻嘻"之声指家里嬉笑打闹
不止，不成体统。所谓：己不修则家不齐，家不齐则妇

子嘻，妇子嘻则家节失。

　　发出"嗃嗃"之声的，象征家长有威望、有权威，很严厉；发出"嘻嘻"之声的，属于软弱不能，失之于宽。"嗃嗃、嘻嘻"，一为"吉"，一为"吝"，不同的声音最终呈现出相反的结果。《易经下·家人》曰："家人有严君焉，父母之谓也。"意为家庭中有严厉正派的长辈，这就是父母。

　　古往今来，有多少家庭因"嘻嘻"之象而自取"余殃"，令人遗憾。孔子用"失家节也"提醒人们，君子齐家，不能忘记用礼仪家规节制家人，要始终坚持言有礼貌、行有规矩。

　　在宽严相济中，《易经》更多的是强调严字为先。家长在"爱家"的同时，更要善于严格治家。唯有如此，才能匡正家风。这是非常有利于建立良好家庭关系、帮助子女健康成长的。对孩子严爱是"爱"，但也要善"爱"，提高沟通水平，循循善诱。

　　（四）以身作则

　　俗话说："身教重于言教。"在家庭教育中，家长的一言一行对孩子的影响是直接的。子女是父母的翻版，有什么样的父母就有什么样的子女。为此，家长要发挥示范带头作用，以身作则，成为孩子学习的榜样。为此，《易经》强调家长要以修身作为齐家的前提条件。《易经下·恒》曰："君子以言有物而行有恒。"这是说君子要明白日常居家小事亦关乎"风化"之理，要注意自修小节，不能口不择言，居家行事必守恒不变。这就是齐家以修身为本，修身以言行为先。

《易经下·家人》曰："上九：有孚威如，终吉。"意为心存诚信、威严治家，这个家终得吉祥圆满。在家庭教育中，父母的言行一致是树立榜样、赢得孩子信任的基础。如果父母自身言行不一，孩子就会对父母的教导产生怀疑，甚至模仿这种不诚信的行为。而当父母以诚信待人、以身作则时，孩子会感受到这种真诚，并将其内化为自己的行为准则。"威如"并非简单的严厉，而是通过自身的威严和威信来引导家庭成员。这种威严不是靠强制和高压，而是通过以身作则、严于律己而自然形成的。在家庭教育中，父母需要在关爱与严格之间找到平衡，既要给予孩子足够的爱和关怀，又要通过自身的言行树立威信，让孩子心服口服。家人卦在这里强调了诚信、威信和以身作则在家庭教育中的重要性，体现了家庭教育中父母的言行对孩子成长的深远影响。

"上九"处于家人卦的最高位，象征着治家的最高原则和长远法则。以身作则不仅是短期的教育手段，更是家庭教育中长期坚持的核心原则。父母的言行会潜移默化地影响孩子的一生，成为孩子成长道路上的重要指引。

《易经下·家人》曰："'威如'之'吉'，反身之谓也。"意思是说，家长的威望不是靠声色严厉获得的，而是时时处处谨言慎行，躬身反省，在日常生活中做到言必信、行必果而获得的。治家须威严，威严当须先于严己。正是因为家长诚意正心、以身作则、威严治家，才使家人满怀敬畏、人人努力上进、自强不息，通过"利女贞—言有物—行有恒—男女正—有严君—有孚威—天下定"，完成了君子齐家的养正历程。

（五）自求口实

从小培养孩子独立、自立的生活能力，放手不放任，是家庭教育的一项重要内容。

《易经上·颐》曰："颐，贞吉。观颐，自求口实。"意思是说，颐卦象征颐养：只有坚守正道才能获得吉祥；通过观察能够体现颐养的具体实例，以及自己是如何谋取口中食物的。

"自求口实"，就是我们常说的要让孩子"自食其力"，让孩子学会独立生活，学会自立、自强，不能养成处处时时依赖父母的习惯。然而，现在的家庭一般只有一两个孩子，父母都想把最好的给孩子。看着自己的心肝宝贝儿，含在嘴里都怕化了，因此父母常常包揽孩子的一切，把孩子整个保护起来，满足他们的每一个要求，替他们做每一件事情，结果养成了孩子"食来张口，衣来伸手"的不良习惯，孩子的生活能力很低。

当今，很多十七八岁的小伙子不会洗衣服，大姑娘不会缝扣子的现象屡见不鲜，而玩车、玩牌、跳舞、蹦迪、上网等比谁都能干。俗话说，"自古慈母多败儿"。父母的溺爱，其实是对孩子最大的伤害。父母对孩子的爱，是全人类最博大最无私的爱。然而，爱再往前走几步，就会变成害。其实，每个孩子无论家庭环境怎么好，将来总要离开父母独立生活，甚至还要应对未来生活中出现的种种挫折和磨难。与其让孩子长大成人面对独立自主的生活时一筹莫展，不如让孩子从小就做力所能及的家务。因此，一定要让孩子自立、自强，学会自食其力。很多有识之士，都把培养孩子自力更生、自食其力的能力作为重要的教育课程。清代"扬州八怪"之一的郑板桥，虽然晚年得子，但从来不溺爱孩子，常常通过各种途径来培养儿子的自立能力。他在弥留之际，叫儿子亲自做几个馒头给他吃。当儿子做好馒头端到他的床前时，郑板桥已经断气了。儿子悲痛欲绝时，突然看到茶几上有一张父亲留下的字条，上面写着："流自己的汗，吃自己的饭，自己的事情自己干。靠天靠人靠祖宗，不算是好汉！"郑板桥给儿子上的最后一课意义深远。他告诫后代：要丰富孩子的生活经历，让孩子树立自力更生、自食其力的生活态度，为孩子的未来打下最坚实的基础。

著名作家茨威格说："世界上最辉煌、最宏伟的事业就是使一个人站起来。"做父母的不仅仅要把孩子培养成高才生，更应该帮助孩子用自己的双脚稳稳地站在生活的激流之中，用自己的双手积极地创造美好的生活，用自己的生活经验、实战技能，从容地面对人生道路上的风风雨雨，做一个对国家、对社会、对他人有用的人。

六、《易经》齐家之道的当代启示

《易经》在家庭教育中强调要滋养人性之温情，促进家庭之和谐，培育以孝为主要内容的伦理以及遵守家教之方法，在今天读来仍然具有现实意义。但是，时代在发展，家庭教育所面临的新问题也很多，家庭教育必须在传承中创新，在实践中发展。具体来说，必须着重解决好如下几个问题。

（一）遵循家教的基本规律

有的人能够管理好一个单位、一个地区，却做不到管理好一个家庭。世界上难做的事不仅仅是挣钱、做学问、职位晋升，还包括对孩子的教育。培养一个懂事、坚强、成功、智慧、自信的孩子，是一件艰巨的事，也是一个人成功的标志之一。许多人由于缺乏正确的教育信念和方法，往往走了弯路，留下了遗憾，有人对教育的因果关系作了生动的概括，说得颇有道理：

打出来的孩子——脆弱；

惯出来的孩子——任性；

骂出来的孩子——叛逆；

纵出来的孩子——懒惰；

哄出来的孩子——虚伪；

苦出来的孩子——懂事；

磨出来的孩子——坚强；

拼出来的孩子——成功；

闯出来的孩子——勇敢。

那么，在家风家教中应当遵循什么规律呢?

第一，家长是实施家风家庭教育的主体。习近平总书记在 2018 年全国教育大会上说:"家庭是人生的第一所学校，家长是孩子的第一任老师，要给孩子讲好'人生第一课'，帮助扣好人生第一粒扣子。"新时代家长应充当什么样的角色，我概括为四个第一:是孩子安全成长的"第一监护人"和"第一责任人"，可以说，生育、养育、教育是父母必须履行的义务和法定责任;是孩子成长、成才的"第一任老师"，让孩子学会自我管理、服务他人的本领，学会遵守社会生活规范，学会判断是非的道德标准，学会人际沟通的能力等等;是帮助孩子扣好人生"第一粒扣子"、成为完善的人的"引导师"。今天，我们对做一个合格的家长还缺乏刚性的要求，在成家之前、孩子成长等不同阶段，应当对家长有考核、有要求，确立正确的家教理念，掌握科学的方法，让每一个家长都知道当一个家长是一项神圣又艰巨的事业，明白家长的责任、义务和使命。让家长学会对孩子"深沉爱"和"智慧爱"，注重培养孩子的独立性、自主性，让孩子可以做自己，成为一个可以自我引导、自我决定和自我发展的成熟个体，帮助孩子做好自主生活、工作的准备。

第二，尊重儿童的权利是家风家庭教育的基本要求。
孩子是一个生命体，有健康生存权，孩子是弱小、不成
熟的人，必须受到保护和照料；但孩子也是独立的人，
必须受到尊重。卢梭在《爱弥儿》中说："我们对儿童
是一点也不理解的：对他们的观念错了，所以愈走就愈
入歧途。最明智的人致力于研究成年人应该知道些什么，
可是却不考虑孩子们按其能力可以学到些什么，他们总
是把小孩子当大人看待，而不想一想他还没有成人哩。"
儿童不是家长的私有财产。首先，他是属于自己的，然
后是属于家庭的，作为一个公民，他又是属于国家和社
会的。许多家长在家庭教育上总是根据自己的愿望去塑
造孩子，不尊重孩子的兴趣、爱好以及选择的权利，扼
杀孩子的童真和天性。其实，儿童享有生存权、全面发
展权、受保护权以及全面参与家庭、文化和社会活动权。
然而，今天的许多家长往往用自己的愿望代替孩子的意
愿，用学业挤占儿童游戏、休息、娱乐的时间，儿童的
休息权、健康权、全面发展权与参与权被严重损害，出
现了孩子没时间玩、睡眠不足的现象。"玩"得开心是
形成开朗的性格、开放的心态和积极探索精神的最佳途

径。"双减"政策的实施，将为家庭生活和教育赢得更多时间和空间，提供更多自主选择和掌控的机会，从而保障孩子们玩得充足、睡得香甜，真正尊重和实现儿童的各项权利，有利于孩子的身心健康发展。只有家长消除"焦虑"的情绪，才能帮助孩子消除"焦虑"的心态；也只有建立综合素养的评价指标，才能让家长和孩子从"分数"的指挥棒下解放出来。要尊重孩子的天性、兴趣和爱好，家长不能代替或者强迫孩子接受自己的愿望和意志。

第三，尊重儿童的成长规律是家风家庭教育的重要原则。家风家教教育的前提是"懂"孩子，懂得孩子生理和心理发育的规律，学会换位思考，从孩子的角度去思考问题。《礼记·学记》中讲："禁于未发之谓豫，当其可之谓时，不陵节而施之谓孙，相观而善之谓摩。此四者，教之所由兴也。"这是说在孩子的错误未发生时就加以防止，叫作预防；在适当的时机进行适当的教育，叫作及时；不超越受教育者的才能和年龄特征而进行教育，叫作合乎顺序；互相之间取长补短，借鉴学习，叫作观摩。这四点，是教学成功的经验。这里讲的"时"和"序"，就是遵循孩子的认知规律和心理特征，"揠苗助长"其动机是好的，其结果却是坏的。现在太多的父母出现一种"焦虑"，担心孩子"输在起跑线上"，为此而提前补课。其实在漫长的人生旅途中，起跑线虽然重要，但在奔跑的路上，更重要的取决于恒久的耐力、毅力，取决于后劲，关键是以"终点"论输赢。有的幼儿园大班生源流失严重，大量幼儿去学前班提前学习小学知识，甚至出现了中班幼儿被家长逼着长时间伏案学习，完成家长布置的作业等现象，完全背离幼儿在自然、生活和游戏中通过感知、操作、体验进行学习和建构经验的规律。

儿童心理学专家强调，儿童心理成熟是一个自然的过程，教育不能改变其发展的主要时间进程，只有儿童心理和认知水平成熟到一定程度以后，人为教育和训练才会起作用。人为地提前训练，可能一时地占有一定优势，但这种优势不会长期保存下去。家庭教育要严格遵循教育规律，培养学生的核心素养、综合能力，要帮助家长树立科学的儿童观、教育观和学习观，摆脱"功利化、短视化"等违背教育规律、盲目从众的教育行为，赋予家庭教育更多科学理性、更多人文精神以及长远可持续发展的眼光和智慧。

　　家庭教育最重要的是培养家长正确的育儿理念，提高家长的家教素养。在当下的时代背景中，孩子的成长面临着三大挑战：

　　一是物质生活的满足带来的享乐主义和过度安逸。当今的许多家长经历过艰苦奋斗的人生阶段，往往有"再苦也不能苦孩子"的理念，总是给孩子创造优越的生活条件，不知不觉地给孩子带来了负面的影响，放纵他们购买玩具、食物、电子产品等高档商品，有的家庭孩子玩具堆积如山，这样不断地刺激了他们对物质产品的欲望，滋长了"享乐主义"的生活态度，不想吃苦，不能吃苦，意志薄弱。古人说："生于忧患，死于安乐""穷人的孩子早当家"，让孩子适当吃苦有利于孩子的成长。二是"少孩"或者独生子女情况的家庭，助长了孩子"自恋""自我"甚至是"唯我独尊"的不良倾向。有些家长对孩子的外貌、智力和其他一些先天品质过度赞扬，对孩子过度溺爱和纵容，助长了孩子的虚荣心和精致利己主义的意识。三是现代高科技产品的风靡对孩子的影响也很大。科技产品带来的最大问题，就是对孩子时间的侵袭，孩子花费了更多的时间在掌握科技的技巧上，有的还沉迷于电子游戏，而生活技能却在下降。

人类的价值观正在从集体主义转向个人主义，从公民责任转向自我满足，从为社会做有益的贡献转向了追求个人成功，这是我们要注意的倾向。当财富、权力、出名和地位成为社会的风向标、成为人们追求的目标时，信仰、道德、情怀、审美必然变得轻如羽毛，必然难以培养出身、心、性、灵全面发展的人。这是我们在家教中要面对和规避的重大问题。

第四，立德树人是家风家庭教育的根本任务。良好的家风是一个家庭的无形财富，是最具价值的"家庭不动产"。家风从思想、心理、行为层面对孩子产生影响，这种影响是隐性的，也是终身的、稳定的。每位家长都应明白立德才能树人，树人必须以德育为先。家庭是孩子思想品德形成的摇篮，给予的是"人之初"的教育。家庭教育应该从知识本位回归人性本位，人性是个体素质完整、和谐、自主的基础，决定了人生成长的方向、速度和质量。立德树人，家长应首先实现自我的完善和发展。换句话说，家长想要育儿，应先育己，要先做具有底气和素养的合格父母，让自己成为孩子从心理上认可的榜样，把家庭教育的着力点放在言传身教方面。另外，丰富亲子活动应成为品德教育的载体，在活动中有意识地培养孩子优良的道德品质，让孩子的人生之路走得更宽、更远。

第五，建立"家校社"共育是家风家教的运行机制。儿童教育是家庭教育、学校教育和社会教育三方力量相互协作的全方位、一体化的教育。家庭教育是一个系统工程，要各司其职，协同共进。共育，关键在"共"字上做文章，要共享、共生、共建、共赢、共情。家校社相互融合、渗透、互动，要从原来的"家长教育"延伸到现实的"家校合作"，打破家校双方"隔岸相望两茫然"的局面，促进家庭教育和学校教育协调发展。家庭教育不只是个人行为，更是社会行为，良好的社会行为依赖于和谐的家庭关系、理性的社会心态，家庭、学校、社会相辅相成、相互渗透。因此，全社会要营造一个良好的环境和氛围，各个部门各施所长，优势互补，形成合力。

（二）建立一个科学的内容体系

家庭教育的根本任务是塑造全面发展的人，为此必须均衡发展，不能偏废。家庭教育的主要内容是身、心、性、灵、智、趣，即提高儿童的身体素养、道德素养、科学素养、心理素养和艺术审美素养。要改变"重智轻德""重身体健康、轻心理健康"的倾向，概括起来有如下"五个商"的教育，对应着五大素养。

第一，"健商"。这就是给孩子一个安全的环境和养成健康的身体素质。这方面的内容包括安全教育、运动教育、合理营养教育等。给孩子一个强壮的体魄，让其有自我保护的能力，这是父母的第一责任。生命健康是知识、才能、品格赖以存在的条件。没有一个好的体魄，不可能从事成功的事业，身体是心智的基础。为此，家长必须承担对儿童的监护责任，要充当幼小的生命安全的守护者，让孩子得到充分的休息、适当的运动和合理的饮食，增强孩子的体魄。这方面的内容包括教会家长如何选择适合孩子的体育项目，如何给孩子提供均衡、合理的营养，如何让孩子保持充足、有规律的休息等。现在多数孩子的体质堪忧，学生参加军训晕倒的现象屡见不鲜。有的患了厌食症，有的是得了肥胖症，有的经常吃垃圾食品，有的缺乏运动，近视的学生也很多。因此，饮食结构要合理均衡，作息要有规律，运动要适度。在这方面讲授的课程有科学的饮食结构，即"饮食有节，起居有常"，如何开展体育游戏，如何学习南拳。

第二，"德商"。这就是培养孩子具有高尚的品格、良好的品德。不良的道德对孩子心灵的危害与身体的营养不良一样，同样是一种残缺。良好的品德可以美化人的言谈举止，使之端庄高雅、轻灵活泼、自信淳朴、坚强快乐。

提高"德商"的主要内容是培养一颗正直、善良之心。一个"德"字讲透了这一点："心""直""行"。《易传·文言·坤》曰："积善之家，必有余庆；积不善之家，必有余殃。"意思是说，积累善行的人家，必定会有享受不尽的喜庆留给后代；积累恶行的人家，必定会有接连不断的灾祸影响后代。古语还说："人为善，福虽未至，祸已远离。"

这方面最重要的是培养孩子有一颗善良心、慈悲心、同情心。一个人心地仁爱，品质淳厚，叫作善良；与人为善，守望相助，称之为亲善、友爱。中国人相信因果关系，讲"善有善报，恶有恶报"，善是值得推崇的，于是有"上善若水"之说。善还是一种擅长，如"多谋善断""循循善诱"。南朝梁简文帝说："一善染心，万劫不朽；百灯旷照，千里通明。"文学家方孝孺说："交善人者道德成，存善心者家里宁，为善事者子孙兴。"

孟子说："人皆有不忍人之心……无恻隐之心，非人也；无羞恶之心，非人也；无辞让之心，非人也；无是非之心，非人也。恻隐之心，仁之端也；羞恶之心，义之端也；辞让之心，礼之端也；是非之心，智之端也。人之有是四端也，犹其有四体也。"孟子把"四心"看成人的基本素养，并首推"仁"。仁者，善也。当今，称之为"善业"的大致有如下功德：与人为善，爱敬存心，成人之美，救人之急，兴建大利，舍财作福，尊师敬长，爱惜物命等。一个人只有常存善念，才能乐善不倦，以善为宝，从善如流。

在这方面涉及的课题有：如何以孝道传家？如何培养孩子的爱心？如何让孩子学会知书达礼？如何培养孩子勤俭节约的品德？如何让孩子学会感恩包容？如何让孩子学会团结协作？如何培养孩子良好的习惯？如何培养规则意识？如何学会时间管理，克服拖延症？如何做好生涯规划？如何培养孩子的责任感和家国情怀？如何培养自信自强、自律自爱、善良、正直、勇敢、持恒、诚信的品格。

"德商"的培养在传统的家训、家书和名人家教中有很多资源可供借鉴，如《诫子书》《颜氏家训》《曾国藩家书》《傅雷家书》《红色家书》等。

第三，"智商"。这是指提高孩子的学习能力和领悟能力，提高文化素质。儿童时期是长身体、长知识的关键时期，早期的智力开发，关系到长大成才。提高儿童的"智商"，除了锻炼记忆力以外，关键在于遵循儿童的发展阶段——感应阶段、记忆阶段、理解阶段，发展孩子的天赋、兴趣，增强其好奇心，激发其学习的动力、专注力、思考力，培养科学的思维方式，从学习知识转变为学习智慧。《易传·系辞上》："知崇礼卑"，意为智慧贵在崇高，礼节贵在谦卑。真正的智慧是大视野、大格局、大思维，是对真理的追寻、求索、发现。这方面的课题很多，例如：如何激发孩子的好奇心和学习兴趣？如何提高孩子的阅读能力？如何营造家庭的"学习场"？如何发现和发挥孩子的特长和潜能？如何提高孩子的观察能力和创造能力？如何提高孩子的专注力？如何使孩子运用思维导图开发孩子的智力？如何学会辩证思维、形象思维和创造性思维。

第四，"情商"。这是指形成乐观向上的心态和宽厚平和的性格，增强社交能力和群体意识，提高孩子的心理素质。心理健康已经成为当今家长和社会关注的问题，当今的孩子中有不少人存在焦虑、忧郁和抗压能力低等问题。为此，要培育孩子热情、积极、开朗的性格，帮助孩子把害怕失败的心理压力减轻到最低限度，锻炼他们对挫败的承受能力，不怕失败，不怕挫折，在失败中吸取教训，勇敢面对挑战和困难的考验。这方面的课题有：如何培养孩子的阳光心态？如何提高孩子"抗挫商"？如何戒除孩子网瘾？如何防止孩子沉迷于手机和电视？如何提高孩子的沟通能力？如何管理好孩子情绪？如何与孩子谈"情"、说"爱"、讲"性"？孩子"早恋"了家长该怎么办？如何学会与"异性交往"？等等。

第五，"美商"。这就是指要学会发现美、鉴赏美、感悟美、创造美。这里所说的实际上是家庭美育或是儿童美育。儿童美育是家庭教育的一个"短板"，家庭教育应补齐这一短板。美育不仅是艺术教育，不仅是学一点"雕虫小技"，更要扎根于中国的美学精神。《易经》中有丰富的美学精神，这个美学精神是以"中和"为原点，以"真善"为核心，以"天人合一"为审美思维，以"自强不息，厚德载物"为品格，以"社会大同"为境界，以"刚柔相济"为形态，以"生生不息、与时偕行"为根本精神，以"感觉体悟"为审美方式。我们在美育中要以美培元、以美修身、以美养性、以美启智、以美铸魂，这才是真正地回归到美育之道上来。孩子学会在自然中发现美，在文化中鉴赏美，在情感中升华美，在实践中创造美。这方面的课题包括：如何带领孩子到大自然中去观察美、发现美？如何到艺术馆、博物馆里去寻找艺术美？如何到文物古迹中去寻找文化美？如何到科技馆中去领略科学美？如何在红色景区、景点中体悟人文美？如何运用诗、书、画、乐进行艺术美育？如何运用非遗进行劳动教育？等等。美育不等同于艺术教育，美育要培养审美境界、审美情趣，学会从粗糙的生活转变到优雅的生活、精致的生活。

2018 年智课教育联合新浪教育发布了《中国家长教育焦虑指数调查报告》，结论显示：68% 的家长对孩子的教育感到"比较焦虑"或"非常焦虑"。2021 年的调查显示，超过 70% 的家长表示他们存在教育焦虑。社会环境因素引发的家长焦虑程度最高，主要集中在学习成绩、校园安全、手机上瘾、课外培训班等问题上。可见，有必要转变家长的教育理念和优化社会环境。

在家庭教育的内容中，我们要充分利用和运用中华优秀传统文化，从中华经典中寻找家庭教育的根脉、内涵和方法，并加以传承和创新。

许多中华经典典籍中有这样的资源可用。如家训中有齐家智慧，如周公旦的《诫伯禽书》、司马光的《家范》、康熙的《庭训格言》、袁了凡的《了凡四训》、朱熹的《朱子家训》、颜之推的《颜氏家训》；家书中也有好家风，如欧阳修的《诲学说》《与十二侄》、曾国藩的《曾国藩家书》、左宗棠的《左宗棠家书》以及《傅雷家书》《红岩家书》《岭南英烈家书》等；格言中有好家教，如朱柏庐的《治家格言》、王永彬的《围炉夜话》、洪应明的《菜根谭》；典故中也有好家风家教，如孟母三迁（环境熏陶）、曾子杀猪（信守诺言）、孔融让梨、曾子避席、张良拜师、程门立雪、画荻教子、缇萦救父等；中国诗歌中有好家教，如"语重心长教子诗"，又如陆游《冬夜读书示子聿》中云："古人学问无遗力，少壮工夫老始成。纸上得来终觉浅，绝知此事要躬行。"再如无名氏《戒赌诗》中语"贝者是人不是人，只为今贝起祸因。有朝一日分贝了，到头成了贝戎人"，诗中写了好赌的人从"贪""贫"变成"贼"的可悲下场。

以下列举更多事例以飨读者。

·诸葛亮家训：八十六字道尽孩子成大器的秘密·

诸葛亮在中国历史上一直被誉为贤相的典范，为后世留下了宝贵的精神财富。父母是孩子的第一任老师，诸葛亮在写给儿子的一封信中，只用了短短八十六字，却对为学与做人给出精简而具体的忠告。

《诫子书》原文：

夫君子之行，静以修身，俭以养德；非淡泊无以明志，非宁静无以致远。夫学须静也，才须学也，非学无以广才，非志无以成学。淫慢则不能励精，险躁则不能治性。年与时驰，意与日去，遂成枯落，多不接世。悲守穷庐，将复何及！（"淡泊"又作"澹泊"；"淫慢"又作"慆慢"，"治性"又作"冶性"。）

短短八十六字，道尽了以下三点人生哲学：宁静的心境；节俭的品格；淡然的境界。

·陆游家训·

宋代诗人陆游写下了二十六条家训传给后人，嘱咐后代注重道德人格修养。《陆游家训》主要内容包括：善良正直、谦虚谨慎、有错必改、淡泊名利、志存高远、严于律己、宽容待人、勤俭持家、俭朴生活、胸怀宽广、心系苍生。

陆游告诉后代："仕宦不可常，不仕则农，无可憾也。但切不可迫于衣食，为市井小人事耳。戒之戒之。"

·王阳明家训·

家风是一个家庭的精神内核，心学大师王阳明的家训，浓缩了为人处世的大智慧。短短九十六字，却是孩子一生做人的基础。内容有：

一、幼儿曹，听教诲；

二、勤读书，要孝悌；

三、学谦恭，循礼仪；

四、节饮食，戒游戏；

五、毋说谎，毋贪利；

六、毋任情，毋斗气；

七、毋责人，但自治；

八、能下人，是有志；

九、能容人，是大器；

十、凡做人，在心地；

十一、心地好，是良士；

十二、心地恶，是凶类；

十三、譬树果，心是蒂；

十四、蒂若坏，果必坠；

十五、吾教汝，全在是；

十六、汝谛听，勿轻弃。

·康熙家训·

不想养逆子，一定要让他能吃苦。

家风是社会风气的重要组成部分，过分地溺爱子女只会造成奢靡娇惰的社会风气，有些磨难一定要让孩子承受。从康熙家训中我们应该明白，再怎么爱孩子，也要舍得给孩子吃这五种苦：

1. 学习的苦

训曰：人在幼稚，精神专一通利；长成以后，则思虑散逸外驰。盖少而学者，如日出之阳；壮而学者，如日中之光，老而学者，如秉烛之明。

2. 自律的苦

训曰：节饮食，慎起居。

3. 批评的苦

训曰：凡人孰能无过？但人有过，多不自任为过。

4. 劳动的苦

训曰：世人皆好逸而恶劳，朕心则谓人恒劳而知逸。

5. 失败的苦

训曰：遇有疑难事，但据理直行，得失俱可无愧。

·纪晓岚家教·

"清代第一才子"纪晓岚家教很严，对子女提出了
"四戒""四宜"的要求：

四戒：一戒晚起，二戒懒惰，三戒奢华，四戒骄傲。

四宜：一宜勤读，二宜敬师，三宜爱众，四宜慎食。

·曾国藩家风·

晚清名臣曾国藩提出了勤奋、俭朴、求学、务实的
家风，留下十六字箴言：

家勤则兴、人勤则健；能勤能俭，永不贫贱！

·林则徐家教对联·

民族英雄林则徐写过一副对联，留给后代：

子孙若如我，留钱做什么，贤而多财，则损其志；

儿孙不如我，留钱做什么，愚而多财，益增其过。

林则徐曾写下《十无益》格言，是其修身做人的准则，也是以德存世的范本：

存心不善，风水无益。父母不孝，奉神无益。兄弟不和，交友无益。行止不端，读书无益。作事乖张，聪明无益。心高气傲，博学无益。时运不通，妄求无益。妄取人财，布施无益。不惜元气，服药无益。淫恶肆欲，阴鸷无益。

·陶行知家教箴言·

民国时期的教育家陶行知告诫后人：

滴自己的汗，吃自己的饭，自己的事情自己干！

（三）实现"三个转变"

第一，从偏重知识技能向加强锻造品质、完善人格转变。当前的教育是饱受诟病的应试教育，学生的学习内容和学习方式仍然以知识灌输为主，依赖背诵记忆、重复练习、题海战术，造成的结果是学生高分低能，缺乏学习和生活的必备品质和能力。我们要让家长知道人性教育比智力教育更重要，心理抚养比物质抚养更重要，应把重点放在人格完善上，注重能力训练，掌握基本的生活能力、学习能力、独立思考能力和创新能力。

第二，从才艺兴趣培养的功利倾向向审美愉悦发展转变。如今许多家长重视培养孩子的兴趣爱好、艺术特长，但大多存在功利倾向，不断地希望孩子晋级。学习才艺不能停留在技艺上，而应当领悟中国美学精神和提高审美情趣，从而获得审美享受。让兴趣与艺术成为陪伴孩子一生的朋友，为他们形成健康人格、感受生活之美、创建生命意义提供丰厚的土壤。

第三，从父母学业监督为主向民主平等、共情交流转变。在竞争愈加激烈的时代背景下，越来越多的父母选择"压力型育儿"方式，不断加大对孩子的教育投入，亲子陪伴和沟通也大多围绕学业进行。表面上看，儿童得到了家长更多的关注，实际上造成了很大的压力，儿童独立意志受到压抑，自我反思、自我认识和调节能力也在下降，并常常引发亲子冲突，埋下身心疾病的隐患。在家庭教育中建立良好的亲子关系很重要，高质量的陪伴要把心理陪伴作为亲子有效沟通的途径，以亲子共同成长作为家庭教育的愿景。在民主平等的氛围中，才能够真正关注子女内心成长并注重情感的交流。

第六讲　蒙以养正，果行育德的启蒙教育之道

　　《易经》非常重视儿童的早期教育，第四卦蒙卦系统地阐述了启蒙教育之道。《周易本义》对"蒙"也作了解释："蒙，昧也，物生之初，蒙昧未明也。"童蒙是为赤子，"纯一未发，以听于人。"古时对儿童进行启蒙教育的地方称为"蒙馆"，儿童启蒙之学称为"蒙学"。

　　"启蒙"，古人称"发蒙"，即开发儿童的德商、智商、健商、情商等，使之明白事理。启蒙教育的对象一般是儿童，即 0～12 岁的未成年人。启蒙教育是一个人成长教育的基础。俗话说："良好的开端等于成功的一半。"启蒙教育的内容主要是常识教育、品德教育、科学教育、心理教育、艺术教育等，包括培养良好的品性，培养儿童的记忆力，锻炼思维力和想象力，养成良好的行为习惯等。启蒙教育的目标是促进儿童德、智、体、美、劳的全面发展，学会学习、学会生活、学会待人。启蒙教育最高的境界，不单是传授知识、技能，还应该是培养独立的人格和自由的思想，具有独立思考的能力、明辨是非的能力，这就是心智的启蒙。

　　《尚书·太甲》叙伊尹说："先王昧爽丕显，坐以待旦。帝求俊彦，启迪后人。"《礼记·学记》曰："玉不琢，不成器，人不学，不知道。是故古之王者建国君民，教学为先。"人并不是生而知之的，而是学而知之的。在人生的初期，必多蒙昧。《易经》为此设置了"蒙卦"，蒙卦揭示了"启发蒙稚"的道理，强调了启蒙教育在传道、授业、育智中的作用，提出了启蒙教育要集道法教育和知识教育于一体，同时强调了要把德育放在首位。

一、"蒙以养正"是造就人才的伟大功业

蒙卦的卦画为䷃，蒙卦上卦为"艮"，为山；下卦为"坎"，为泉。山水蒙卦，就像山下出泉的意象。泉水始流出山，则必将渐汇成江河，正如蒙稚渐启，又山下有险，因为有险停止不前，所以蒙昧不明。事物发展的初始阶段，必然蒙昧。

为什么屯卦之后是蒙卦？《易传·序卦》："屯者物之始生也，物生必蒙，故受之以蒙。蒙者，蒙也，物之稚也。"蒙的特点是人处于稚子的状态。蒙，就是不明，此处不是物的本体不明，而是由于物受到掩蔽造成，就像镜子之蒙垢、眼睛之蒙翳。人，稚小蒙昧，去向未定，这是蒙昧的状态。为此，《易传·序卦》说，事物初生

必然蒙昧，故接下来是蒙卦："蒙"就是蒙昧，是事物的幼稚时期。

《易经上·蒙》："蒙以养正，圣功也。"意为蒙稚的时候应当培养纯正无邪的品质，这是造就圣人的伟大的功德事业。"蒙以养正"是中国古代教育的核心精神，指出了教育的使命是"养正"，这就是人格教育、做人的教育，而不仅仅是生活教育、技能教育。这一观点在今天看来，仍倍感深刻。

朱熹在《太学章句序》中讲了古代启蒙教育的内容："教之以洒扫、应对、进退之节，礼、乐、射、御、书、数之文。"他认为这个阶段的主要任务是促进孩子行为规范的养成。这是从儿童的特点出发，教学的内容是"六艺"。这是因为儿童的可塑性很强，可以从小养成知书达礼、待人处世的规范，这是为人、为学的基础。

梁启超先生在《少年中国说》中非常精辟地指出了启蒙教育的重要性。其曰：

今日之责任，不在他人，而全在我少年。

少年智则国智，少年富则国富；少年强则国强，少年独立则国独立；少年自由则国自由；少年进步则国进步；少年胜于欧洲，则国胜于欧洲；少年雄于地球，则国雄于地球。

红日初升，其道大光。河出伏流，一泻汪洋。潜龙腾渊，鳞爪飞扬。乳虎啸谷，百兽震惶。鹰隼试翼，风尘翕张。奇花初胎，矞矞皇皇。干将发硎，有作其芒。天戴其苍，地履其黄。纵有千古，横有八荒。前途似海，来日方长。美哉，我少年中国，与天不老！壮哉，我中国少年，与国无疆！（"翕张"又作"吸张"）

这段话的意思是：少年聪明，国家就聪明；少年富裕，国家就富裕；少年强大，国家就强大；少年独立，国家就独立；少年自由，国家就自由；少年进步，国家就进步；少年胜过欧洲，国家就胜过欧洲；少年称雄于世界，国家就称雄于世界。红日刚刚升起，道路充满霞光；黄河从地下冒出来，汹涌奔泻浩浩荡荡；潜龙从深渊中腾跃而起，它的鳞爪舞动飞扬；幼虎在山谷吼叫，所有的野兽都害怕惊慌；雄鹰隼鸟振翅欲飞，风和尘土高卷飞扬；奇花刚开始孕起蓓蕾，灿烂明丽茂盛茁壮；干将剑新磨，闪射出光芒。头顶着苍天，脚踏着大地，从纵的时间看着悠久的历史，从横的时空看着辽阔的疆域，前途像海一般宽广，未来的日子无限远长。美丽啊，我的少年中国，将与天地共存不老！雄壮啊，我的中国少年，将与祖国万寿无疆！

梁启超先生把启蒙教育看成不仅是个人的事、家庭的事，也是国家繁荣富强、民族复兴的大事。

启蒙教育关系国民素质的全面提高和社会文明程度的提升。一个社会归根到底是由人组成的，假如大多数人比较文明的话，这个社会当然就是一个比较文明的社会。假如要改善一个社会，当然要从改善人开始。所以，人是最根本的。教育就是把一个自然的人变成社会的人，把原始的人变成文明的人。所以简单地讲，教育就是要培养一个文明的人。一百年以前，梁启超先生说过："今日世界之竞争，国民之竞争也。"梁启超写《新民说》，此文的意思也是说那个时代中国人都是痛感自己的贫弱的，苦于被人欺负，但是问题出在什么地方？不在于船坚炮利比不上别国，而在于国民，有什么样的国民就有什么样的国家。他还说："国之见重于人也，亦不视其国土之大小、人口之众寡，而视其国民之品德也。"这一点我们有深刻的体会，一个国家，能不能受到别的国家尊重，不在于疆土有多大，不在于有多少钱，不在于 GDP 有多高，也不在于人口有多少，而是在于国民之品格。只要国民具有爱国、敬业、诚信、勇敢等品德，具有丰富的学识和创造精神，那是任何人都不敢欺负的。而全民素质的提高，最基础、最根本的是儿童的教育。这正如建好一栋大厦，儿童教育是打地基的工程，地基不牢，地动山摇。而要提高全民的品德和学识，必须从小抓起，从启蒙教育做起。

启蒙教育关系新生儿的健康成长。青少年是世界观、人生观和性格的形成时期，可塑性强，这就像扣扣子一样，第一颗扣错了，后面的纽扣都会跟着错。2014 年 5 月 4 日，习近平总书记来到北京大学，同师生座谈时就深入浅出地讲述了这个道理，勉励青年学子"人生的扣子从一开始就要扣好"。他曾强调，"青少年阶段是人生的'拔节孕穗期'"。青少年需要补钙壮骨，固本培元，需要精心引导和栽培。抓好启蒙教育实际上就是抓住了青少年成长的关键时期。

在我国古代教育中，将孩子的教育一般分为四个阶段：幼儿养性（0～3 岁）；童蒙养正（4～12 岁）；少年养志（13～18 岁）；成年养德（大于 18 岁）。经过这四阶段的教育，青少年就形成了自己独立的世界观、人生观和价值观。启蒙教育是孩子行为习惯和品格养成的关键期，也就是养性和养正的关键期。

儿童教育的专家认为，儿童心智、品德、性格的教育有两个最为重要的时期：

0 ~ 3 岁的成长期。3 岁以前，孩子处于飞速成长阶段，可以说，每天都不一样。这个阶段孩子没有独立的思维能力，对父母有很强的依赖性，最容易受到父母的影响。这个时期是孩子语言敏锐期，婴儿开始注视大人说话的嘴形，并发出咿呀学语声时，就开始了他的语言学习。语言能力影响孩子的表达能力。因此，父母应经常和孩子说话，多给孩子讲故事，培养孩子的表达能力。

这个时期也是感官敏锐期。孩子从出生起，就会借着听觉、视觉、触觉等感官来熟悉环境。3 岁前，孩子透过潜意识的"吸收性心智"吸收周围的事物。这个时期也是动作敏锐期。2 岁是孩子最活泼好动的时期，父母应充分让孩子运动，使其肢体动作正确、熟练，并帮助孩子均衡开发左、右脑。除了大肌肉的训练外，还要注重小肌肉的练习，亦即手眼协调的细微动作的训练，不仅能使孩子养成良好的生活习惯，也有利于其智力的发展。两岁半的孩子逐渐脱离以自我为中心，而对结交朋友、群体活动有兴趣。这时，父母应帮孩子建立明确的生活规范和日常礼仪，帮助孩子养成良好的生活习惯。这个时期要让小孩有安全感、亲和感，培养语言能力、感知能力和养成良好的生活习惯。这个时期，小孩对父母的依恋感很强，有的父母觉得小孩 1～3 岁之内没有什么好教育的。这个想法是错误的，3 岁以前的教育比 3～18 岁重要得多。最为重要的是，3 岁以前父母的陪伴和感情抚养，决定了孩子一辈子的心理健康。

　　这个时期是智能（大脑神经功能）发育的关键期。有的父母很重视这个时期的养，而忽视教。这一时期其实是孩子智力发育又快又好的黄金时期。家长要足够重视，用心培育，积极施策。提供丰富的感觉信息刺激，孩子的大脑才能认知外界事物，储存知识，掌握和提高观察、思维、记忆、分析、判断、模仿、认知、想象、发现、执行等各种能力。

　　3～6 岁的关键期。这个时期是孩子性格、品格形成的关键期。这个时期是儿童读写敏锐期。这个时期孩子在语言、感官、肢体动作等方面进步很快，得到充分的学习，其阅读能力就会自然产生。这个时期是文化脱敏期，孩子对文化学习的兴趣，始于 3 岁。这个时期也是孩子良好行为习惯养成的关键期。6 岁以前，孩子如果能坐在桌前画画、写字三十分钟，那么他上学做作业，多数可以顺利完成。孩子的好习惯是在这个时期养成的，孩子的很多坏习惯，都源于 3 岁前的教育"缺失"。

现在，许多家长由于生活所迫，外出打工，把孩子留给爷爷奶奶带，我们把这种情况称为"隔代教育"。这对孩子的健康成长是不利的，陪伴孩子的成长是家长的责任，也是家长成长的体验。

启蒙教育是孩子人生中的基石，将深刻地影响孩子的一生。把握最佳的黄金时期，采取正确的方法，促进孩子心智健康发育，关系到孩子未来成为什么样的人，关系到能否成为有德、有情、有智、有礼的人才，这也是关系千家万户的大事。

"蒙以养正"，这个"正"是指纯正的品格、善良的心地。启蒙教育是养性、养正的事业，关系孩子健全人格的养成，关系孩子是向善发展还是向恶发展。"蒙以养正"关键在于培养一颗善良的心。孔子在《论语·季氏》中说："见善如不及，见不善如探汤。吾见其人矣，吾闻其语矣。"意思是说，看到善良的行为，担心自己达不到那样的高度；看不到善良的行为，好像把手不小心伸到了开水中一样要赶快避开。这样的人我见过，这样的话我也听过。孔子主张见善思及，主张付诸行为，走进现实生活中。"蒙以养正"的核心内容是培养善良的心地，即与人为善，爱敬存心，成人之美，救人之急，兴建大利，舍财作福，尊师敬长，爱惜物命等。一个人只有常存善念，才能乐善不倦，以善为宝，从善如流。

二、"果行育德"是启蒙教育的首要任务

《易经上·蒙》："山下出泉，蒙。君子以果行育德。"意思是说，山下流出清泉，这是蒙卦的意象。君子效法此卦以果敢的行为培养品德。要使教化流行，君子要以言必信、行必果的嘉行，立德树人，培养受蒙者返璞归真、天真淳朴的良好品德。"果行育德"包含三层意思：

第一，启蒙教育态度要坚决，时机要及时。"果行"有果断、坚决和不折不挠之意，不能贻误时机。元代董真卿在《周易会通》中曰："君子观《蒙》之象，果其行如水之必行，育其德如水之有本。"启蒙教育不能犹

豫，不能错误地认为等待长大以后再教育，更不能认为长大以后自然就好了。要知道启蒙教育是势在必行的事情，是培养品德的根本。

《易经上·蒙》在六五爻中说："童蒙，吉。"孩童正处于人生的初期阶段，其身心发展犹如一张白纸，可以在上面画最美的图画，这个时期，儿童的模仿能力强，接受教育的时机最佳，故为吉祥。《易经上·蒙》："蒙'亨'以亨行时中也。"意思是说，蒙卦通达，因为它顺应正直之气，遵循中正之时。为此，要采用"果行"的措施。有人说，推动摇篮的手，是推动世界的手，所以适时地进行教育，是最经济、最科学的教育。古时孟母深谙此道，教出了一个出色的儿子。"孟母三迁"的故事就说明了这个道理。

传说孟子很小的时候，他的父亲就去世了，他的母亲仉（zhǎng）氏对他的生活和教育十分用心。一开始，这对孤儿寡母居住的地方离着坟场比较近。由于坟场周围丧事活动比较多，孟子也竟然整日学着哭哭啼啼玩拜祭。仉氏觉得在这样的环境中对孟子的成长很不利，于是便带孟子离开，搬到了一个集市周围。谁知孟子又耳

濡目染学会了商人讨价还价做买卖的事。仉氏便觉得这
一居处也还是大大的不妥，于是把家搬到了学校周围。
到了每月初一的时候，朝廷官员会来此地行礼，孟子见
了便将他们行礼的内容一一记住，孟母这才大为欣慰，
于是便携孟子在此定居。古人学习的内容和今天是不同
的，在孟子的时代，"礼仪"是每个入学者必修的课程，
孟子的母亲仉氏之所以最终选择居住在学宫旁边，是深
知环境对一个人的成长影响很大，应该为孩子提供一
个良好的环境，以免被"旁门左道"的事情扰乱了
心智。

　　孟子年龄稍大的时候外出游学，学业还没有完成的
时候就返回家里。他的母亲正在织布，看见他回来就问：
"学得怎么样了？"孟子无所谓地说道："跟过去一样。"
孟母见他这个样子，大为恼火，用剪刀剪断了织好的布。
孟子见状十分不解，只听母亲说道："你荒废学业，如
同我剪断这丝一样。做事情半途而废怎么行呢？"孟子
十分惭愧，从此发愤刻苦，终于成了有大学问的人。

　　孟母的教育，对于孟子的成长及其思想的发展影响
极大。她营造了良好的环境使孟子很早就受到礼仪风习

的熏陶，并养成了诚实不欺的品德和坚忍刻苦的求学精神，为他后来致力于儒家思想的研究和发展打下了坚实而稳固的基础。

第二，启蒙教育要把育德放在首位。蒙卦指出了教育的根本任务是立德树人，培养堂堂正正的人。

《易经》在启蒙教育中，指出了不仅要传授科学知识、人生经验和生产技能，还强调育德，教育儿童如何做人。当今的一些家长在教育上走入了误区，重智轻德，重艺轻德，这是舍本逐末的做法，没有德，智和艺将失去归依，孩子很可能会走上邪路。

第三，启蒙教育既要重过程，更要重结果。"果行"也可以理解为良好效果的教育；"育德"既是培育道德，也是有"得"，古时"德"与"得"意义相通。启蒙教育的落脚点在于孩子的行为养成，在于结果。

三、遵循科学的启蒙教育方法

蒙卦不仅指出了启蒙教育的意义的主要内容，还阐述了具体的原则和方法，概括起来有如下四个方面：

第一，要坚持以学生为本，激发学生的求知兴趣和求知欲望。《易经上·蒙》的卦辞说："匪我求童蒙，童蒙求我。"意思是说，并非我求于幼童来接受启蒙教育，而是幼童需要启发蒙稚，有求于我。教育不是强逼蒙昧无知的儿童来学习，而是让儿童主动接受教育。教育者和被教育者应心灵相通，志向相应。"志应"是指在教育活动中，教与学双方在目标、思想、注意力的相减、相应、相劝、相合，舍其一方，则无以成教。兴趣可以产生一种驱动力，兴趣也是最好的老师和动力。苏联教育家苏霍姆林斯基说："他们带着一种高涨、激动的情绪从事学习和思考，对面前展示的真理感到惊奇甚至震惊；孩子在学习中意识和感觉到自己的智慧力量，体验到创造的欢乐，为人的智慧和意志的伟大而感到骄傲。"学生只有带着学习的主动性，如饥似渴，充满学习的热情，才能用尽自己所能，把全副身心都集中在求知上。瑞士著名心理学家皮亚杰说："所有智力方面的工作都依赖于兴趣。"兴趣是孩子爱学、会学的重要基础。我们都有这样的体验，凡是自己感兴趣的东西，态度就积极，心情就愉快，思维就活跃。为此，启蒙教育应当注意教育的趣味性，应该遵循快乐学习的原则，不要让学生把学习当作负担、负累、苦役。现在，我们的许多家长，"望子成龙，望女成凤"，不关心孩子的兴趣和特长，强逼童蒙学习这、学习那，童蒙不堪重负。这完全不符合孩子的天性，要让童蒙在游戏中学，在娱乐中学，主动接受教育。

第二，学习者带着诚挚的态度，教育要善于运用启发式教育。《易经上·蒙》曰："初筮告，再三渎，渎则不告。利贞。"意思是说，初次祈问告知结果并施以教诲，如果接二连三地滥问就亵渎了君子，不用告知他什么，要固守正道。这里有两层意思：一是对"捣蛋"的学生不予施教，二是要进行启发教育，让学生去思考、感悟。启发式教育其实就是点拨式教育。孔子说："不愤不启，不悱不发。举一隅不以三隅反，则不复也。"（《论语·述而》）孔子说：不到他努力想懂而懂不了，我不去开导；不到他努力想说而说不出，我不去引发。告诉他一个角度是如此，他不能随之联想到另外三个角度也是如此，我就不再多说了。"举一隅三"即举一反三。《易经》在这里强调了要培养孩子学习的主动性和自觉性。学习如无内在的动力，仅仅靠外部的压力，必然不能享受学习的乐趣。其次要做到学、思、悟的一体化，指出了要运用启发式的方法，激发学生的联想，学会举一反三。如果反复教育还不明白，说明学生的悟性

较低，老师不必花费太多的口舌。好的教育应当让学生
会思考，用启发的方法去开发学生的智力。

《红楼梦》"黛玉教诗"就是一个很好的教育方法：

《红楼梦》第四十八回："滥情人情误思游艺，慕雅
女雅集苦吟诗"，讲述了香菱学诗，黛玉教诗的故事。
从这个故事中，我们可以看到林黛玉是一个优秀的老师，
香菱是一个合格的学生。首先，香菱有强烈的求知欲望
和拜师的意愿，黛玉不但有诗才，而且有"诲人不倦"
的态度。香菱央求黛玉："好歹教给我做诗，就是我的
造化了！"黛玉笑道："既要学做诗，你就拜我为师。我
虽不通，大略也还教的起你。"（"做诗"又作"作诗"）
一个愿学一个愿教，师徒关系就确立起来了。其次，黛
玉对作诗进行了知识点的讲授。黛玉说："什么难事，
也值得去学！不过是起、承、转、合，当中承、转，是
两副对子，平声的对仄声，虚的对实的，实的对虚的。
若是果有了奇句，连平仄虚实不对都使得的。"黛玉有
化繁为简的能力，把深奥的道理讲得通俗易懂。香菱
"天天疑惑"的问题，一下子变得很清楚，"原来这些格
调规矩竟是末事，只要词句新奇为上"。在领悟的基础
上，黛玉又作了深入的阐述："第一立意要紧，若意趣

真了，连词句不用修饰，自是好的：这叫做'不以词害意'。"再次，黛玉善于运用启发式教育，为香菱开列了一个书单，让香菱自己去学习、体悟。黛玉说：第一本是《王摩诘全集》，但不是全读，而是有针对性地读，只读"五言律一百首"。王维的诗歌成就主要在五言律诗方面。读书的要求则是"细心揣摩透熟了"。第二本是杜甫的七言律。杜甫的七言律诗，自言有"沉郁顿挫"之风格，是后世诗家极好的范本。但是，他的诗也不需要读多，一两百首就够。第三个要读的是李白。只需要读他的七言绝句。同样，读两百首就够。

　　对林黛玉的这个书单，钱穆先生有一番评论："黛玉所举三人……恰巧代表了三种性格，也代表了三派学问。王摩诘是释，是禅宗；李是道，是老庄；杜是儒，是孔孟。"黛玉又说："肚子里先有了这三个人做了底子，然后再把陶渊明、应、刘、谢、阮、庾、鲍等人的一看，你又是这样一个极聪明伶俐的人，不用一年工夫，不愁不是诗翁了。"这一书单不但开得好，而且给予香菱以鼓励。正是在黛玉的教导下，香菱勤思苦学，终于写出了一首咏月的好诗，其中"博得嫦娥应自问，何缘不使永团圆"写出心中的"幽怨"，众人看了笑道："这首不但好，而且新巧有意趣。"

　　第三，要立规矩、严规范，养成良好的习惯。《易经上·蒙》曰："初六：发蒙，利用刑人，用说桎梏。以往吝。"又曰："利用刑人，以正法也。"对于这个卦辞有几种不同的说法：一是说不能放逐、放任蒙昧的人。"发"通"废"，指放逐；"说"通"脱"，解脱、摘除；"桎梏"，木制的刑具；"刑人"，可以理解为规范、强行引正，是一种教育手段。意思是放任、放逐蒙昧的人，假如不采取"用刑人"的办法，一开始就去掉对他们的约束，使其无所畏惧，那么将来就要陷入困境。如果能够利用刑罚来规范人们的行为，可以此来端正法纪，保证教育的进行。古希腊著名的哲学家、思想家亚里士多德强调，必须培养孩子良好的习惯。因为人的德行是"生于人的习惯"的。他在《尼各马可伦理学》中说："在教育儿童时，我们当然应该先把功夫用在他们的习惯方面。""从小就养成这样还是那样的习惯不是件小事情，恰恰相反，它非常重要，比一切都重要。"我国著名作家叶圣陶对孩子教育严格，从小就培养他们的规矩意识和行为习惯，他还在孙辈很小的时候就告诉他们：在递给别人刀子的时候，要把刀柄对着对方，为的是让对方好接受；在放餐桌碗筷时，筷子要放在碟子的右边，调羹的把要向右，为的是让用餐的人拿起来顺手；在公共场所，在有人休息和谈话的地方，走路的脚步要放轻，拿放东西声音要轻，为的是不要影响到人家……二是说对童蒙进行体罚。三是说明刑禁令。第一卦辞的说法较为准确，这是指要给童蒙立规矩，养成良好的行为规范、习惯，如衣食住行、言谈举止等方面的行为规范，从而养成守礼的习惯和行为。"用刑人"是用礼法去规范其行为，不能理解成用体罚。"正法"也不是用法律去约束。"刑"，有治罪的意义，也指铸造器物用的模子，与"型"字相同。这里的"刑人"，应是指用一个模子去塑造人。立规矩、严规范，要做到"早、细、明、严"。所谓"早"，就是在事情未发生之前就告诉孩子做事的目标和具体要求，不要放"马后炮"；所谓"细"，就是具体、细致，不抽象；所谓"明"，就是明确、明白什么可以做，什么不可以做；所谓"严"，就是严格执行，不降低标准，做不到位要学会反思和改进等。

　　第四，要保护和激发孩子的天性。孩子都有天真、天性和童趣。《易经》既强调"利用刑人"，又指出"用说桎梏"。这是说启发启蒙，其效如同使刑徒脱去桎梏。

用今天的话来说，就是放飞孩子的想象、放任孩子的天性。这是尊重孩子的认知规律和成长规律。我国教育家陶行知先生把它概括为两个字，叫作"解放"。

陶行知先生在《创造的儿童教育》中提出了解放儿童创造力的七大方法：

要解放儿童的眼睛。他指出创造教育就是不能让儿童"戴上封建的有色眼镜"，使他们脱离社会、脱离生活，而应培养儿童观察生活、观察社会的能力。

要解放儿童的头脑。他指出，传统教育使儿童的创造力被固有的迷信、成见、曲解、幻想层层裹布包缠了起来，束缚了他们的思维。创造教育应当使儿童头脑解放，思想贯通，从而"使中华民族的创造力可以突围而出"。

要解放儿童的双手。他认为，传统教育的弊端之一是束缚儿童的双手。他曾经写诗勉励儿童："人生两个宝，双手与大脑。用脑不用手，快要被打倒。用手不用脑，饭也吃不饱。手脑都会用，才算是开天辟地的大好佬。"陶行知先生的这一主张，其实就是今天倡导的劳动教育，即手脑并用，发挥一个人的体力、脑力、心力，把手脑并用作为创造活动的前提条件。

要解放儿童的嘴。他认为，在传统教育下，儿童缺乏独立思考，儿童往往讷言寡语、不善表达。而创造性教育则主张准许并鼓励儿童发问，提倡敢于质疑。

要解放儿童的空间。他认为，传统教育只是一只鸟笼，改良的学校只不过是有树、有假山的放大的鸟笼。培养儿童用的是干咸菜式的教科书，使他们的精神营养非常匮乏，视野非常狭窄。而创造性教育则让儿童到大自然中去，到社会中去，"自由地对宇宙发问，与万物为友，并且向中外古今三百六十行学习。创造需要广博的基础。解放了空间，才能搜集丰富的资料，扩大认识的眼界，以发挥其内在之创造力"。陶行知先生在这里强调的是开放的教育、实践的教育，倡导教育要到自然、社会这个广阔的天地中去。

要解放儿童的时间。他认为，传统教育的考试制度为的是去赶考，赶考首先"赶走了脸上的血色，赶走了健康，赶走了对父母之关怀，赶走了民族人类的责任，甚至于连抗战之本身责任都赶走了"。学校占据了学生全部的时间，使儿童失去了学习人生的机会，养成无意创造的志向。而创造性教育，主张解放儿童的时间，让他们有时间去思考、去动手、去发问、去接触生活。不幸的是，陶行知先生在这里批评的考试制度今天仍在重演，繁重的学习和考试牺牲了儿童的休息时间、娱乐时间、体育运动的时间，而使儿童的身体素养下降，泯灭了儿童的天性和童真，这是值得家长和老师们以及社会各界深思的一个问题。

要采取刚柔相济的办法。《易经上·蒙》曰："上九，击蒙，不利为寇，利御寇。"这一爻，既强调"击蒙"，即敲打他，用严厉的方式来进行启蒙教育；但又不能过于暴烈，要采取刚中有柔的方式，要注意预防教育，"御"为防御，只要培养纯正的品德，就可以抵御外界的侵袭。这一卦辞强调了以严施教则利，以暴施教则不利。在启蒙教育中，采取惩罚教育、棍棒教育会伤害孩子的身心健康，形成反叛心理，是不可取的。

综观《易经》的启蒙教育，不外乎是从"教"与"学"这两个维度去揭示"启蒙"教育的规律。从"教"的方面看，指出要居上谦下，蒙以养正；要果行育德，要遵循学理，潜心发蒙。从"学"的方面看，指出了治蒙的方法。如激发童蒙学习的主动性、自觉性、创造性等。这一卦阐述了"教"与"学"的辩证关系，今天读来仍然有借鉴的意义。

第七讲　遵循规律，讲究科学的教育法则

《礼记·学记》有一段文字专门论述教育的基本原则和方法："大学之法，禁于未发之谓豫，当其可之谓时，不凌节而施之谓孙，相观而善之谓摩，此四者教之所由兴也。"这里讲述了教育应当遵循的四个原则和方法：

一是"预"，就是以预防为主的原则。《礼记·学记》提倡"禁于未发"，即当学生的坏思想、坏习惯还没有形成的时候，就把它消灭在萌芽状态中。实践证明，改造旧的要比塑造新的艰难得多，正如《礼记·学记》所言："发然后禁，则扞格而不胜。"所以，无论是文化知识的教学，还是道德品质的养成，都应坚持以预防为主、塑造为主，以改造、禁止为辅的原则。

二是"时"，就是及时施教的原则。《礼记·学记》要求教学必须把握住恰当的时机，及时施教。具体来说，就是要让孩子适时入学，在最佳的学习年龄入学读书，莫失良机；教师在教学过程中要把握住施教的关键时机，激发学生的求知欲，当学生对知识有强烈渴求的时候，应给予及时点化。否则，错过了学习的最佳年龄，错过了形成某种心理品质的关键期，虽勤苦而难成。

三是"孙"，就是循序渐进的原则。"孙"是"逊"

意，指符合程序，循序渐进。《礼记·学记》强调"学
不躐等"，其主要意思是必须遵循学生的认知规律，考
虑学生的接受能力安排教学内容，设计教学方法；遵循
科学知识内部的逻辑系统进行教学，否则"杂施而不
孙，则坏乱而不修"。

四是"摩"，就是观察实践的原则。《礼记·学记》
强调"相观"，一是要在实践中去学习、印证、检验；
二是重视师友之间的切磋琢磨，互相取长补短，在集体
的研讨、争鸣中相互启发，共同进步。相反，一个人孤
独地学习，脱离实践而闭门造车，必然造成"孤陋而寡
闻"的窘态。

这四种原则和方法，其渊源来自《易经》。《易经》
虽然没有系统、集中地论述教育的原则和方法，但在渐
卦、观卦以及《象辞》《系辞》中，都体现了教育的方
法，概括起来有四个基本法则。

一、"时中适时"法则

所谓"时中适时"法则，是在时间的运行过程中把
握好事物的发展趋势，恰到好处地进行教育。"时中适
时"法则依据客观事物发展的不同时期采取相应的行

动。《易传》中频繁地讲"及时""随时""趣时""时
行""时发""时用""与时偕行"等，"时中"这一概
念在《彖辞》中表现得尤为突出。

　　一是"时中"是亨通之道。《易经上·蒙》："蒙
'亨'，以亨行时中也。"意为，童蒙，亨通，顺沿亨通
之道施行启蒙，并把握好适当的时机。把握好适当的时
机进行教育就能亨通。

　　二是"时中"是应乎天时。《易经上·大有》："其
德刚健而文明，应乎天而时行，是以'元亨'。"意思是
说，其品德刚健而又文明，顺应天的规律和四时运转而
行动，故说"大有亨通"。随卦又说："随时之义大矣
哉！"《易经》在这里讲的"时"有两个含义：一是就自
然规律而言，这个时是"四时"；二是就社会规律而言
这个时是"时宜"，就人而言是"时机"。这就强调了教
育必须遵循学生的成长规律，既不能错失良机，也不能
拔苗助长。

　　三是"时中"是与时偕行。《易经》中的损卦和益
卦，讲的都是要与时偕行。《易经下·损》："损益盈虚，
与时偕行。"意为减损多的补益少的，更要根据时节的
不同进行变通。《易经下·益》："凡益之道，与时偕

行。"意为凡是增益的道理，要根据时间的变化而变通。

四是"时中"要恰到好处。《易经下·艮》："时止则止，时行则行，动静不失其时，其道光明。"意为该停止的时候就停止，该行动的时候就行动，行动和停止都不要失去时机，这样停止的道理才是光明的。

《易经》讲的"时中适时"法则对于家长来说意义重大。许多家长对孩子的教育存在着焦虑心态，担心孩子的学业输在起跑线上。为此，把孩子的学习进度不断地向前提，揠苗助长，给孩子增加了很大的压力，有的孩子甚至出现了"厌学症"。其实，孩子的成长和认知有一个自然的发展过程，应当适应他们的成长规律。俗话说："欲速则不达。"许多人总想培养出"天才少年"，这种做法虽然近期能产生一定的效果，但从远期看效果并不理想。我们应当把孩子的学习看成是一场"马拉松"，以终点论输赢，在这个过程中，用时中、耐力、持久和意志去取胜。从这个意义上看，"时中"是教育的一种方法，也是教育的一种智慧。

二、"循序渐进"法则

《易经》有一卦叫"渐卦"，讲的是循序渐进的法则。渐卦的卦画是䷴，上卦为巽，下卦为艮，巽为木，艮为山，以"山上有木，顺势而长"表征事物非突长，而是渐生，徐而不速为渐。《渐卦》寓意：君子治学、为事，应循序渐进，不急不躁，不断累积，实现由量变到质变的升华。

《易经下·渐》："山上有木，渐。君子以居贤德善俗。"树木植于山上，从小到大，不断生长，从青葱树苗渐渐长成茂盛的大树。君子从渐卦的卦象中得到启示，取法于山之育林，要以贤德自居，担负起改善风俗的社会责任。

《易传·序卦》："物不可以终止，故受之以渐。渐者，进也。"事物不会总是停留在静止的状态中，所以，艮止之后是渐进，是成长，是希望！"循序渐进"法则在教育中有所要求：

一是循序渐进要徐而不速。"渐"字表示逐渐、缓慢的变化。正所谓"欲速则不达"。做学问欲速，未必无一家之言，只是不能把学问了解全面，不能把问题分析得透彻；建筑欲速，未必无高楼大厦，只是不能扎扎实实打好地基，保证质量；治理国家一味求速，纵使能达到发展目标，终究不能长治久安。渐而不速，是一种适宜的做事节奏，有利于更好地完成目标。

《孟子》记载了"揠苗助长"的故事，讲述了"欲速则不达"的道理。从前，有个宋国人总是担忧自己的禾苗长不高而把禾苗往上拔。一天，他十分疲惫地回到家，对家人说："今天我累坏了，我帮助禾苗长高了!"他的儿子好奇地去看那些禾苗的情况，却发现禾苗全都枯萎了。

孟子曰："天下之不助苗长者寡矣……助之长者，揠苗者也。非徒无益，而又害之。"（《孟子·公孙丑上》）天下犯"揠苗助长"之错误的人不少，这非但没有好处，反而产生了危害。客观事物的发展自有它的规律，仅靠良好的愿望和热情是不够的，很可能效果还会与主观愿望相反。适当的超前教育可以激发潜能，但也要量力而行，要让学生"跳起来能摸到天花板"。

二是循序渐进要顺应时变。渐卦的爻辞非常有趣，以大雁为譬喻，描述了大雁的诸多行迹。例如，"鸿渐于干"：大雁落在河边；"鸿渐于磐"：大雁落于山石上；"鸿渐于陆"：大雁落在大路上；"鸿渐于木"：大雁落在树上；"鸿渐于陵"：大雁落于山陵。飞禽会随着时节的变换、周围环境的变化而调整自己的飞翔动态，这是一种顺应时变的智慧。我们应该向大雁学习，善于顺应时代的变化，慢慢改变自己。教育同样也应如此，随着时代发展要求的变化不断地改变教育内容和方法。

三是循序渐进要循序而进。"序"是顺序、秩序。在教育中进行知识的传授，要从基础知识的教学开始，先打好基础，由浅到深，进阶式地推进。做学问、做事业，要靠长期的知识积累，需要有一个厚积薄发的过程。相反，如果不按照一定的步骤或次序逐步推进或提高，不仅基础不扎实，而且会带来混乱、忙乱，结果是好高骛远，得不偿失。

三、"观摩省察"法则

我们的知识，一方面来自向书本学习，向贤人学习；另一方面来自自己在日常生活中、在工作中、在实践中的观察、体悟、总结和提升。这两个方面是相辅相成的，但相比之下，后者是一个内化的过程，对开发的人的智慧更为重要。正因如此，《易经》在教育的法则上更强调"观摩省察"法则，《易经》的观卦讲的就是这一法则。

《易传·序卦》："临者大也。物大然后可观，故受之以《观》。"前一卦的"临"，乃是讲自上而下地察看；而"观"则是由下而上地察看，是一种观仰、一种学习。临是发现问题，观是探索未知而掌握知识，是仔细地观察大自然的变化，掌握这种变化的规律和哲理，那么，如何"观摩省察"呢?

一是要眼观，更要心观。"观"字从"见"，甲骨文的"见"字，就像一个人，上部是一只大大的眼睛。"见"即用眼睛去看，"观"亦是用眼睛去看、去观察。当然，如果单纯用眼睛去观看，那么仅仅能看到事物的表象，我们更要善于用"心"观。观卦的初六爻中有"童观"之说，意思是像幼稚的儿童一样观察景物。《易经上·观》曰："童观，小人道也。"童观，一方面是淳朴的，另一方面是无知的。这样的观看方式，仅仅能了解事物的表象，而不能深入其实质，其实是不够的。

《王戎不取路边李》

王戎是西晋著名学者，从小喜欢观察和思考，脑子非常灵活。他7岁时，有一天和几个小伙伴到临沂城外去玩耍。其时正值夏天，太阳热辣辣的，他们走了一段路，都觉得口干舌燥。

突然，走在前面的一个伙伴高喊起来："看，前面有一棵李子树，树上结满了李子！"王戎抬头向前一看，果然在路旁有一棵李树，树上结满了红色的李子，沉甸甸的李子把枝条都压弯了。"好多的李子，快去摘李子吃啊！"伙伴们欢呼着向李树奔去。可王戎却站着没动。这时有个伙伴拉了他一把："王戎，去摘李子吃啊！""别高兴得太早，那李子是苦的。""胡说，你怎么知道的？"伙伴瞪了他一眼。最先跑到李树下面的小孩，跳起来摘了一颗李子，忙塞进嘴里嚼起来，可是立刻又皱起了眉头，往外"呸、呸、呸"地吐出李子。小伙伴们看了都觉得奇怪，于是都倒回来问王戎："奇怪了，你没吃，怎知这棵树上的李子是苦的呢？"王戎说："你们想一想，这棵李树长在大路旁边，每天有那么多人从这里经过，如果李子是甜的，早就被摘光了。现在树上还有那么多李子，那一定是苦的了。"

王戎非常善于观察，他能够透过现象看本质，跳出了观卦所谓的"童观"。如果只是了解事物的表象，而不能深入其实质，则难免被外物所蒙蔽，难免尝到"苦果"。

二是要近观，更要远观。观卦中提到了很多观察的方式，有注重细节的"窥观"，也有全面具体的"观国之光"，有主观方面的"观我生"，也有客观方面的"观其生"。由此可见，"观"之道，不仅有近观、微观，而且也有远观、宏观。

古代有一句名言："人无远虑，必有近忧。"意思是说，一个人没有长远的考虑，一定会有最近发生的忧患。无论是为自身修养，还是为国家社稷，必不可少的是要有长远的目光。"远虑"就是一种宏观的观察、考虑。如果人行事的时候不考虑潜在的忧患并及时解决，那么忧患必定降临在自己身边。对于个人，会带来失败；对于国家，则难免有倾覆的危险。

《丙吉问牛》

丙吉是西汉的丞相。一次，他带着几个随从微服私访，路上遇到一群人在吵架，还动手打起来了。丙吉并没有在意，让大家继续赶路。

一会儿，前面一位老农赶着一头牛走了过来，牛喘气很厉害。见此情形，丙吉叫住老农，询问他带牛走了多远路，牛是不是病了，老农一一做了回答。

等老农走远后，随从不解地问："大人，刚才有人打架斗殴，你没有过问，现在却关心起一头牛来，难道一头牲畜比人还重要吗？"丙吉笑了笑，答道："打架斗殴，自有当地官员和执法部门处理，我作为丞相，不需要过问此事。现在是春天，一头牛的生病让我想到，如果是传染病，那就会危害一方的农业生产；如果是天气造成的，那就预示着时令失调，反常的气候会给农业生产带来灾难。因此，这是关系民生的大事，我必须过问。"听完丙吉的话，大家由衷地钦佩。

丙吉善于"观"，通过观察某些细节而抓住问题的重点，并做出长远的考虑。唯有这样，才能真正地观察到民情，从而更好地施政为政，这种"远观""宏观"的意识值得我们学习。

三是要观己，更要观人。《易经上·观》中九五爻说："观我生，君子无咎。"意思是说，君子往往对照高尚的道德标准省察自己的言行，不断地完善自己，就不会有祸患。观卦上九爻则说："观其生，君子无咎。"意思是说，君子时刻观察生民的生存状况，体察百姓苦乐，这样才不会有祸患。

这里，"观我生"和"观其生"两句话形成鲜明的对比，一为主观，一为客观。由此可见，君子既要善于观察自己的生存环境，也要善于观察他人的生存环境。唯有如此，才能够知己知彼，将心比心，将仁爱精神推己及人，共建和谐社会。

四、"知行合一"法则

《易传·文言·乾》："君子学以聚之，问以辩之，宽以居之，仁以行之。"意为，君子用学习来积累知识，用发问来辨别是非，用宽容之心处世，用仁爱之心指导行为。这里讲了学、问、宽、仁四者的关系，特别重要的是讲到了学与行的关系，实际上讲的是知与行的关系。《中庸》继承和发扬了《易经》的这一思想，指出了要"博学之、审问之、慎思之，明辨之，笃行之"。这是说要广泛地学习，仔细地求教，慎重地思考，清楚地辨别，切实地实行。学与行，一个是始，一个是终，一个是出发点，一个是落脚点。王阳明在此理论的基础上，提出了"知行合一"的概念，并对"知行合一"的内涵作了深入的阐述，指出"知行合一"是知行一体、真知真行、知行功夫、知行本体。

　　知行一体，是把知和行看成一体两面，知中有行，行中有知。一个人的行动当中包含着他本身的知识，知行是一体的。

　　真知真行，是把知当作行的主体，行是知的功夫，是一种自觉的行为、真实的行为，不需要外力的强迫。

　　知行功夫，是指凡事不能仅仅停留在语言上，一定要有生命的感受。知识是外在的、零散的、碎片化的，可最后落实在生活中是整合为一体的。也就是说，每个人都要把外在的知识，经过自身生命的整合、认可，把它展现出来，这个生命的整合和统一的过程就是一个功夫的过程。

　　知行本体，是通过功夫把知行上升为生命的本体。这个本体就是生命存在的方式。这个存在的方式中，理性的部分、情感的部分、践行的部分融通为一体，以心、以精神表达出来。

　　"人民教育家"陶行知先生也大力提倡"知行合一"的教育法则。他在 1919 年撰文指出："教学两者，实在是不能分离的，实在是应当合一的。""知行合一"说起来容易，做起来难，要真正做到知行合一，必须做到如下两个方面：

一是克服知难行易。知是行的前提条件。其实，在浩瀚的知识海洋里，我们的知是极其有限的，对真理的发现也是有局限的。学习要得其意，明其理，懂其法，真正要把一部经典、一门学科弄懂，是不容易的。有的受制于个人的知识水平，有的由于思维固化，有的由于个人的偏见和傲慢，故而要知人、知事真的很难。爱因斯坦提出相对论时，全球仅有几人能听懂；弗洛伊德早年在柏林大学讲述自己的代表作《梦的解析》时，也只有两人听课。可见，理解并接受一种新的道理或知识也实非易事。孔子强调知是行的基础。《论语·颜渊》中有一个记载："樊迟问仁。子曰：'爱人。'问知。子曰：'知人。'"也就是说，一个没有"知"的人是不可能成为仁者的。但"知人"并不容易。一个人是复杂的多面体，而且人是随时随地会变的。孔子认为"爱人"是建立在"知人"的基础上的。孔子还说："唯仁者能好人，能恶人。"仁者不是简单地去喜爱人，也要知道什么行为值得痛恨。可是，要区分这个问题就必须有"知"。所以，在孔子知、仁、勇的完整品格中，"知"排在第一位，有了"知"才能达"仁"，有了"知"和"仁"，才能谈"勇"。《论语·学而》以"学而时习之"开篇，其中就包含了知与行两个方面：学就是知，习就是行。孔子把"知"的过程分成了学与思两部分，学是习的基础，习是学的落脚点，两者不可偏废。

为此，"知行合一"首先要解决知的问题，这就是《易经》所说的"学以聚之"。学以聚之，要求由"博"入"专"，由"专"入"约"，然后"问以辩之"，这就是独立思考、善于比较、鉴别、分析、判断，分清是非曲直，这样才能认识大道、了解规律、发展真理，才能"行易"。

二是克服知易行难。荀子讲："知之不若行之，学至于行之而止矣。"（《荀子·儒效》）博学之后，还要笃行。这就是要克服停留在书本和口头上，克服只说不练，要把学到的知识付诸行动，在实践中检验、总结、提高和升华，把知识转化为创造、创新，转化为从事的事业，转化为造福人民，造福人类社会。

俗话说："说起来容易，做起来难。"持之以恒地坚持做下去很难，善始善终更为艰难。比如叩齿是养生良方，但鲜有人能每天坚持，总会三天打鱼、两天晒网，这就是知易行难。商朝贤臣傅说曾对商王武丁说："非知之艰，行之惟艰。"在傅说看来，知道一个东西并不难，行动才难，即知易行难。

"行"体现为一个人的行动能力和执行能力，有的人很会考试，但一到实际工作领域就笨手笨脚，这就是"高分低能"。"知"如果不落实在"行"上，就会变成空谈，"知"将没有任何意义。为此，孔子赞赏"敏于行"的人。今天，我们在教育中应当加强学生的能力训练，这个能力包括对知识的消化、吸收和整合的能力，以及科学思维、分析问题、解决问题的能力等。

对于教育的方法，朱熹总结《易经》的教育方法，系统地提出了"循序渐进、熟读精思、虚心涵泳、切己体察、着紧用力、居敬持志"的六大方法，这些方法今天在教育工作中，仍然具有借鉴意义。在当代的教育中，不仅要与时俱进，还要运用好如下的教育方法：

一是主动学习法。《论语·述而》说："自行束脩以上，吾未尝无诲焉。"束，是肉干，十条脯为束，古代用作初次拜师的礼物。孔子办学并不是贪图这点薄礼。而是认为凡是前来学习的，要有诚意，要主动前来。主动学习是一种积极的学习态度，是建立在兴趣的基础上的。兴趣是最好的动力，兴趣也是学习的初始动机。兴趣可以转化为爱好、习惯。

二是顺应自然法。孟子认为对人的教育要顺应人的天性，"存心养性"的功夫，是纯天性，教育要把天赋的善性保存、扩充和发展，化掉不良的习性。顺应自然，就是遵循儿童的成长规律和认知规律。不能冒进，更不能揠苗助长。他反对冒进："其进锐者其退速。"（《孟子·尽心上》）

三是因材施教法。《礼记·学记》："使人不由其诚，教人不尽其材，其施之也悖，其求之也弗。夫然，故隐其学而疾其师，苦其难而不知其益也。"意思是说，对待学生不从诚心实意出发，教学生不能发挥学生的才智，施教的方法违背情理，要求乖戾失常，这样必然使学生痛恨学习而厌恶老师，厌恶学习而不知道学习有什么益处，或者产生厌学，这与老师教学不得法有关，是老师没有激发学生的兴趣，发挥学生的长处造成的。

孔子教育学生，根据学生的不同禀赋、性格施以不同的教法。每一个学生的习性兴趣不同，智力也有高下。要因材施教，扬长避短，给予不同的引导。孔子说："中人以上，可以语上也；中人以下，不可以语上也。"（《论语·雍也》）这是说对中等水平以上的学生，可以告诉他高深的学问，中等水平以下的学生，不可以告诉他高深的知识。这就是要求根据学生的实际程度，讲授适合学生接受能力范围的内容。

　　孟子说："君子之所以教者五：有如时雨化之者，有成德者，有达财者，有答问者，有私淑艾者。此五者，君子之所以教也。"（《孟子·尽心上》）孟子列举了君子教育人的五种方法：有像及时雨那样化育万物的，有成全其规律的，有使人能通达于节制节度的，有解答疑难问题的，有以自身品德学问影响那些不能登门受业的，这五种类型都是君子用以教育人的方法。这就是说，要根据学生不同的禀赋和各自的具体情况，因材施教、各施其性、各用其法。

　　四是学思结合法。《论语·为政》："学而不思则罔，思而不学则殆。"学是占有材料，思是思考分析问题，要增长知识，必须认真学习并进行思考，真正做到消化吸收。如果不学习而只是苦思冥想，只会是胡思乱想，而不认真思考，则是知其然而不知其所以然。

　　五是启发讨论法。孔子说："举一隅不以三隅反，则不复也。"（《论语·述而》）教给学生某一方面的内容，学生不能举一反三，就不要再往下教。从《论语》的记载看，孔子常常运用讨论、问答的形式对学生进行教育。这一方法对"满堂灌"的"填鸭式"教学是截然不同的。

六是率先垂范法。孔子曰："上敬老则下益孝，上尊齿则下益悌，上乐施则下益宽，上亲贤则下择友，上好德则下不隐，上恶贪则下耻争，上廉让则下耻节，此之谓七教。"（《孔子家语·王言解》）意思是说，居上位的人尊敬老人，那么下层百姓会更加遵行孝道；居上位的人尊敬比自己年长的人，下层百姓会更加敬爱兄长；居上位的人乐善好施，下层百姓会更加宽厚；居上位的人亲近贤人，百姓就会择良友而交；居上位的人注重道德修养，百姓就不会隐瞒自己的观点；居上位的人憎恶贪婪的行为，百姓就会以争利为耻：居上位的人讲廉洁谦让，百姓就会以不讲气节德操为耻。这就是孔子所说的七种教化。

结　语

解读《易经》的书籍可谓多如牛毛，但从教育之道的角度和主题去研究、解读《易经》的书籍是少见的。《〈易经〉之教育之道》是对中国古代教育思想的寻根溯源、概括总结，是对当今中国教育的一次观照，也是对未来教育的一次展望。为此，本书从两个方面加以拓展：

一是融合古今，吸收了现代教育思想加以丰富和发展。《易经》的教育思想无疑具有经典意义，但传统教育思想不是一成不变，当随时代的发展而丰富。为此，本书的内容吸收了当代的研究成果，使之具有鲜明的时代特色。

二是融合中外，借鉴了当今世界的教育思想，加以融合和创新。教育是全人类面临的共同课题，世界各国在实践中也创造了不少好的理念和经验，只有借鉴、吸收人类共同的文明成果，才能科学地阐述教育之道。为此，在本书的写作中，笔者也吸收了世界上教育家的理论创建，使本书具有更为开放和广阔的视野。

教育要面向未来，适应时代发展的要求。过去社会经济的发展是知识驱动，未来是智慧驱动，是体验驱动；过去是以制造为中心，未来是以创造为中心；过去追求的是标准化、规模化，未来讲究的是个性化、特色化；过去我们把人变成了机器，未来我们会把机器变成人。未来不是知识的竞争，而是创造力的竞争和想象力的竞争，是智慧和体验的竞争，是领导力、担当力、责任力的竞争，是独立思考的竞争。

评价一个国家是否发达，除了看这个国家的经济实力、军事实力和文化实力以外，还有三个直观的指标，就是看这个国家对细节的关注、对弱者的关怀和对未来的投入。其中，对未来的投入主要是指对教育和科研的投入。教育事关人才的培养和储备，优秀的人才是一个国家最大的财富和最根本的决定力量。为此，教育决定了一个国家、一个民族的未来。1989 年，联合国教科文组织在中国召开"面向 21 世纪教育国际研讨会"，指出了未来教育的目标是："21 世纪最成功的劳动者将是最全面发展的人，将是对新思考和新机遇最开放的人。"教育家柯林博尔说，未来教育所培养的人应具有三本"护照"：一是学术性的，二是职业性的，三是能够证明一个人的事业性与开拓能力的。其实这里讲的是三种能力，是综合素养培养的成果，这就迫切要求教育从"应试教育"走向"素质教育"。因此我们必须加大、加快教育改革的步伐，回归教育的本质，培养一代新人，以新的风貌迎接中华民族伟大复兴！

　　教育是一个说不尽的话题，也是说不清的话题。《〈易经〉之教育之道》可以说是提出了问题，也回答了一些事关教育的重大问题，但这仅仅是初步的，期待专家和读者指正和批评，让教育惠及天下之人。

参考文献

1. 黄寿祺，张善文撰：《周易译注》，上海：上海世纪出版股份有限公司 2007 年版。

2. 闵建蜀著：《易经解析：方法与哲理》，香港：香港中文大学出版社 2008 年版。

3. 杨亚利著：《〈周易〉与中国文化》，上海：生活·读书·新知三联书店 2018 年版。

4. 陈瑶著：《〈周易〉象数之美》，北京：人民出版社 2020 年版。

5. 王振复著：《大易之美：周易的美学智慧》，北京：北京大学出版社 2006 年版。

6. 金景芳、吕绍纲著：《周易全解》，长春：吉林大学出版社 2013 年版。

7. 杨斌著：《教育美学十讲》，上海：华东师范大学出版社 2015 年版。

8．朱永新著：《中国教育思想史》，上海：上海交通大学出版社 2011 年版。

9．单中惠著：《外国教育思想史》，北京：高等教育出版社 2000 年版。

10．高凡著：《周易新解》，北京：中央编译出版社 2014 年版。

11．杨天才译注：《周易》，北京：中华书局 2016 年版。

12．（汉）许慎著：《说文解字》，北京：中华书局 1963 年影印。

13．郭彧译注：《周易》，北京：中华书局 2006 年版。

14．蔡元培：《美育人生：蔡元培美学精选集》，长春：吉林人民出版社 2021 年版。